Theodor von Heuglin

Die Tinne'sche Expedition im westlichen Nil-Quellgebiet 1863 und

1864

Nebst ethnographischen, zoologischen und kartographischen Anhängen und einer

Generalkarte

Theodor von Heuglin

Die Tinne'sche Expedition im westlichen Nil-Quellgebiet 1863 und 1864
Nebst ethnographischen, zoologischen und kartographischen Anhängen und einer Generalkarte

ISBN/EAN: 9783743626195

Hergestellt in Europa, USA, Kanada, Australien, Japan

Cover: Foto ©Andreas Hilbeck / pixelio.de

Theodor von Heuglin

Die Tinne'sche Expedition im westlichen Nil-Quellgebiet 1863 und

1864

DIE TINNE'SCHE EXPEDITION

IM WESTLICHEN NIL-QUELLGEBIET

1863 und 1864.

AUS DEM TAGEBUCHE

VON

TH. VON HEUGLIN.

(ERGÄNZUNGSHEFT N°. 15 ZU PETERMANN'S „GEOGRAPHISCHEN MITTHEILUNGEN".)

GOTHA: JUSTUS PERTHES.
1865.

Inhalt.

	Seite
Einleitung, Übersicht der Tinne'schen Reisen	V
Aufenthalt in der Seribah Biselli in Bongo; Reise nach Kulanda; Tod von Madame Tinne und H. Schubert; glänzendes Anerbieten	1
Krankheit, Klima	1
Produkte; einheimischer Handel	2
Die Fabrikation von Glasperlen	2
Das Treiben der Fremden im Lande; Elephantenjagden	3
Sklavenjagden	4
Das Wetter; der Meschir-Tabak	5
Industrie, Kleidung und Geräthschaften der Eingebornen	5
Interessante zoologische Funde	6
Plünderungszüge gegen die Nachbarn	6
Fleisch und Salz; Leckerbissen	7
Regen; Hindernisse für die Weiterreise	7
Charakter der Eingebornen; Hungersnoth; Brutalität eines Kaufmanns	8
Ende der Regenzeit; Knollengewächse; besserer Gesundheitszustand; Zugvögel	8
Erkundigungen über das Njamjam-Land	9
Der Butterbaum	9
Das Wetter; Jagdbeute; Schwinden der Hoffnung auf Weiterkommen	10
Ein Gesandter des Königs Moño	10
Gerücht von der Ankunft der Schiffe; das Wetter; Fieber	11
Blutiger Auftritt in der Seribah; Rebellion	11
Neue Verlegenheiten	12
Der Marktplatz Telgauna; geographische Erkundigungen	12
Zoologische Beute	12
Reise nach Wau; Ankunft der Schiffe. Anstalten zur Rückreise; abermals ein Todesfall	13
Reise nach der Meschra	13
Der Ambadj-Kanal; das Wetter	14
Kartographische Arbeiten	14
de Pruyssenaer's Reise ins Innere der Halbinsel Sennaar	14
Fahrt auf dem Bahr el Ghasál	15
Der Nu-See	16
Pflanzenbarre im Weissen Fluss	16
Sklaven auf den Schiffen der Expedition	16
Der Keilaq und Sobat	17
Die neue Mudirieh von Denab; ein Räuber-Lager	17
Militärstation in Heilet Kaka; Muhamed Cher und Sultan Naser von Tégélé	17
Ausdehnung des Raubwesens; feindliche Begegnung; das Wetter	18
Türkischer Posten am Djebel Njemati; Topographisches; der Wasserstand des Flusses	18
Märkte am unteren Weissen Fluss; Einfluss der Türkischen Herrschaft; Nachrichten aus Chartum	19
Reise von Chartum nach Berber; Aussichten für die Reise nach Suakin	20
Räuber, Theuerung, Sklavenhandel, militärische Rüstungen	20
de Pruyssenaer's Arbeiten im Sudan	21
Geographische Notizen über Nubien	22
Neue Verzögerung; Getreidemangel	24
Untersuchung wegen Sklavenhandels	25
Regierungsbeamte als Sklavenhändler	25
Sultan Naser von Tégélé; der Nilstand	26
Grosser Sklaven-Transport vom Bahr el ábiad; Zustände in Abessinien	26
Arbeiten über das Gebiet zwischen Nil und Rothem Meer	27
Neuigkeiten vom Rothen Meer	28
Die projektirte Eisenbahn nach dem Sudan	28
Reise nach Djedda und Suez	29
Anhang I: Ethnographisches über die Njamjam und ihre Nachbarvölker	30
Vokabular der Dôr-Sprache	31
Anhang II: Zoologisches. Einleitung	31
Über einige neue Nagethiere Central-Afrika's	32
Zwei neue Chiroptera	32
Ornithologische Miscellen aus Central-Afrika	33
Notizen über den Vogelzug im Herbst 1864, so wie über die ornithologischen Vorkommnisse in den Ländern der Bischarin, Omarab und Hadendoa zwischen Berber und Suakin	32
Anhang III: Verzeichniss Arabischer Eigennamen	40
Anhang IV: Bemerkungen zu der Karte. Von B. Hassenstein	41
Rasches Fortschreiten der Entdeckungen im südlichen und westlichen Nil-Flussgebiet; nothwendige Berichtigungen der Zehn-Blatt-Karte von Inner-Afrika	41
v. Heuglin's geographische Arbeiten während der Tinne'schen Expedition	42
Speke's Positionsbestimmung für die Sobat-Mündung	42
Poncet's Carte du cours moyen des deux Nils	43
Neueste Aufnahmen des Bahr el ábiad und die Zeichnung des Bahr el Ghasál	43
Verschiebung der Meschra el Req, des Djur u. s. w. nach Osten	44
Zweifel über die grosse Petherick'sche Route und über die Mündung des Jeji	44
Poncet's neueste Publikationen	45
Itinerar des Syriers Ibrahim Bas von Heiligenkreuz bis in das Gebiet des Djur	45
Peney's und Lejean's Reisen von Gondokoro aus	45
Binder's Reise von Gaba el Schambil nach seiner Handelsstation	46
Speke's und Grant's Reiseroute und die daraus erwachsenden Berichtigungen	46

Einleitung.

Als Th. v. Heuglin, Dr. Steudner und H. Schubert Anfang Juli 1862 aus Abessinien nach Chartum kamen, war bereits jede Aussicht geschwunden, dass die Expedition ihren Hauptzweck, Wara von Osten her zu erreichen, erfüllen könnte. Munzinger überzeugte sich durch die Anfrage, die er schon einige Monate früher von Kordofan aus an den Herrscher von Darfur gerichtet hatte, dass der direkte, durch dieses Land führende Weg für Europäer so gut als verschlossen sei, und brachte zugleich in Erfahrung, dass die zu Gebote stehenden Mittel bei weitem nicht ausreichen würden, um südlich von Darfur mit Benutzung des Bahr el ghasal nach Wadai zu gelangen. Durch die bereits zurückgelegten Reisen und die Ausrüstung Moritz v. Beurmann's waren die Geldmittel des ganzen Unternehmens so weit zusammengeschmolzen, dass an ein grösseres, von Chartum aus durchzuführendes Projekt überhaupt nicht mehr gedacht werden konnte. Dennoch waren Herr v. Heuglin und seine beiden Begleiter fest entschlossen, nicht nach Europa zurückzukehren, ohne eine Erweiterung der Kenntniss von den Landschaften zwischen Nil und Tsad-See wenigstens ernstlich versucht zu haben, und nachdem sie über ein halbes Jahr in dem fieberschwangeren Chartum Krankheit und drückende Verhältnisse ertragen hatten, eröffnete sich ihnen auch wirklich die Gelegenheit, ihrem dringenden Wunsche Folge zu geben. H. Schubert reiste mit dem Kaufmann Klanéznik nach dessen Handels-Etablissements an den Zuflüssen des Bahr el ghasal, v. Heuglin und Dr. Steudner aber gelangten in dieselben, bis dahin nur einigen Chartumer Handelsleuten unvollkommen bekannten Landschaften in Begleitung vornehmer und reicher Holländischer Damen, welche die Lust am Reisen und die Liebe zur Natur nach dem oberen Nil geführt hatten.

Diesem glücklichen Umstand verdankt die Geographie eine abermalige bedeutende Bereicherung, aber freilich waren die Opfer furchtbar. Dr. Steudner und H. Schubert, Madame Tinne und zwei ihrer Europäischen Kammerfrauen raffte das mörderische Klima hinweg und die Überlebenden, die unter den widerwärtigsten Verhältnissen alle nur mit genauer Noth dem gleichen Schicksal entgingen, kamen nach 14 Monaten mit tief erschütterter Gesundheit wieder nach Chartum, um auch die zweite, hier zurückgebliebene Dame, Baronesse A. van Capellen, sterben zu sehen. Nicht einmal war es ihnen gelungen, ihre Pläne vollständig auszuführen.

Die Briefe und Auszüge aus dem Tagebuch des Herrn v. Heuglin, die im 2ten Ergänzungsbande der „Geographischen Mittheilungen", S. (142) bis (164), so wie im Nachstehenden publicirt sind, geben vollständigen Aufschluss über die für die Wissenschaft erspriessliche, aber für die Theilnehmer so unglückliche Reise, namentlich lässt auch die beiliegende Karte übersehen, wie beträchtlich durch jene unsere Einsicht in die Gestaltung des südwestlichen Nilgebiets gefördert worden ist.

Einige Details und ganz besonders eine Übersicht der mit staunenswerther Ausdauer durchgeführten Nilreise der Holländischen Damen seien uns hier beizufügen erlaubt. Wer Ausführlicheres darüber zu lesen wünscht, dem empfehlen wir die unserem Résumé zu Grunde liegenden, aus den „Transactions of the Historic Society of Lancashire and Cheshire" (Vol. XVI) besonders abgedruckten „Geographical Notes of Expeditions in Central Africa, by three Dutch Ladies. By John A. Tinne, Esq." (Liverpool 1864), denen eine Übersichtskarte der ganzen Reise und eine Skizze des Bahr el ghasal mit seinen Zuflüssen nach v. Heuglin's vorläufigem Entwurf beigegeben sind.

Im Juli 1861 verliessen Madame Tinne, ihre Tochter Fräulein Alexine Tinne und ihre Schwester Fräulein A. van Capellen ihre Heimathsstadt Haag und landeten im August zu Alexandria, um ihre dritte Reise in Ägypten zu beginnen, das sie bereits 1856 und 1858 besucht hatten, und von da aus benachbarte Länder kennen zu lernen. Nachdem sie den Herbst und einen Theil des Winters in einem reizenden Landsitz bei Kairo zugebracht hatten und das Projekt einer von Dr. Krapf ihnen vorgeschlagenen Reise nach Abessinien aufgegeben war, bestiegen sie am 9. Januar 1862 drei Barken, um sich nach Nubien und dem Sudan zu begeben. Da sie sich auf ein ganzes Jahr mit Proviant versehen hatten und viel Dienerschaft mit sich nahmen, so war schon auf dieser Reise nach Chartum das Gepäck sehr umfangreich. So führten sie unter Anderem für 800 Pf. St. oder 5300 Thaler Kupfergeld — 10 Kameellasten — bei sich, weil im Sudan kleines Geld zum Wechseln schwer zu bekommen ist, und zur Wüstenreise von Korosko nach Abu Hammed benöthigten sie nicht weniger als 102 Kameele. Nach kurzem Aufenthalt zu Chartum fuhren sie im Mai auf dem Dampfer des Prinzen Halim den Weissen Nil hinauf, um die Regenzeit wo möglich an einem gesunderen Orte zu verbringen. Deutete auch hie und da ein Sklaven-Transport auf die entsetzlichen Zustände am Weissen Fluss, so gefiel doch dieser grösste Quellarm den Damen besser als der vereinigte Nil in Nubien und Ägypten. Sein reicher Schmuck von Mimosen, Tamarinden, blühenden Sträuchern und Wassergewächsen, die belebenden Affenheerden, die Schwärme von Vögeln, die Nilpferde und Krokodile gaben ein anziehendes, ewig wechselndes Bild und angenehm berührte die Reisenden auch die freundliche Zuvorkommenheit der Anwohner, welche Fräulein Tinne, weil sie öfters zu Pferde gesehen wurde, für eine Tochter des Sultan hielten, die hierher komme, um ihnen zu helfen und sie zu trösten. Selbst der berüchtigte Sklavenhändler und Machthaber Mohammed Cher in Kaka empfing sie mit königlichen Ehren und erbot sich, Fräulein Tinne zur Königin des Sudan auszurufen.

Die romantischen Hügel des Djebel Hemaya fesselten die Damen so, dass sie hier zu bleiben wünschten, aber das Gefolge fürchtete sich vor den wilden Thieren, es musste deshalb eine der Damen nach Chartum zurückreisen, den Dampfer von Neuem auf längere Zeit miethen und am 7. Juli wurde die Fahrt flussaufwärts fortgesetzt. Bald oberhalb Djebel Hemaya ermüdeten die flachen, morastigen, rohrbewachsenen Ufer und ausserdem drohte Gefahr von den Schilluks, welche durch die Misshandlungen von Seiten der Chartumer Händler aufs Äusserste gereizt sind. Doch auch hier half die den Damen vorausgegangene Sage. Als der Dampfer an einem Schilluk-Dorfe anlegen musste, um Holz einzunehmen, und die Mannschaft aus Furcht vor den Eingebornen ans Land zu gehen sich weigerte, betrat die jüngste Dame mit 10 Soldaten das Dorf und wurde als des Sultan Tochter freundlichst aufgenommen, selbst der Thron des Landes ward ihr angeboten, wenn sie zur Vertreibung Mohammed Cher's Beistand leisten wollte.

Am Sobat angelangt dampften sie diesen Zufluss bis zur Grenze seiner Schiffbarkeit hinauf, was einschliesslich der Rückfahrt 10 Tage erforderte, und sie fanden ihn interessanter als den Weissen Nil oberhalb Djebel Hemaya. Dieser wird erst wieder jenseit des No-See's schön und interessant, wo prachtvolle Waldbäume mit Schlingpflanzen, der zierliche Papyrus, der Ambadj, die Euphorbia antiquorum und andere Formen die Reisenden entzückten. Am 4. September erreichten sie die Missionsstation Heiligenkreuz und blieben daselbst bis zum 15., während welcher Zeit Fräulein Tinne eine achttägige Exkursion ins Innere unternahm. Weiter oben am Fluss sahen sie die Reste der Hütten und Gärten, die Wilhelm v. Harnier das Jahr zuvor bewohnt hatte, ehe er nach Heiligenkreuz übersiedelte und dort den Tod fand. Am 30. September kamen sie in Gondokoro an, zum grossen Erstaunen der Eingebornen, denn die Segelboote erscheinen dort nicht vor dem Januar. Sie verfolgten mit dem Dampfer den Fluss 5 Stunden lang über Gondokoro hinaus, bis die Fahrt durch Steine in Flussbett behindert wurde, besuchten auch den Berg Belenia, eine grössere Reise unternahmen sie aber nicht von Gondokoro aus, weil die benachbarten Negerstämme, durch die Räubereien und Grausamkeiten De Bono's gereizt, gegen Weisse grosse Erbitterung hegten. Bald zwang auch heftiges Fieber, welches die Damen befiel, zur Umkehr, sie verliessen am 22. Oktober Gondokoro und kamen am 20. November in Chartum an; allen Aufenthalt abgerechnet gebrauchten sie zur Thalfahrt 170 Stunden, wogegen die Bergfahrt 360 Stunden gekostet hatte.

Die nächsten $2\frac{1}{2}$ Monate gingen über den Vorbereitungen zu der Reise nach dem Bahr el ghasal hin. Baronesse van Capellen entschloss sich, in Chartum zu bleiben, dagegen erhielten Baron d'Ablaing, Th. v. Heuglin und Dr. Steudner Erlaubniss, die Damen zu begleiten. Ihr Anerbieten wurde gern angenommen, weil die Reise dadurch einen wissenschaftlichen Charakter erhielt und es Fräulein Tinne daran lag, bei den bedeutenden Opfern[1] auch für die Wissen-

---

[1] Die Damen sollen während ihrer grossen Nilreise ungefähr 6000 Pf. St. oder 40.000 Thlr. *jährlich* gebraucht haben (Burton and M'Queen, The Nile Basin, Part II, p. 92.), wir halten es für wahrscheinlich, dass die Summe noch grösser gewesen sei.

schaft Nutzen zu bringen. Man wollte das Hochland an den südwestlichen Quellarmen des Nil im Lande der Niamniam erreichen.

Am 25. Januar 1863 gingen v. Heuglin und Dr. Steudner unter Segel, um 2. Februar folgte der Dampfer mit 2 Dahabien und 2 anderen Segelbooten, etwa 200 Personen, 30 Esel und Maulthiere, 4 Kameele, 1 Pferd, Munition und Provisionen auf 10 Monate tragend. Diese grosse Zahl der Diener und Soldaten und die entsprechende Masse des Gepäckes, bei dem z. B. 1½ Tonnen Glasperlen, 12.000 Kauri-Muscheln u. s. w. sich befanden, trugen sehr wesentlich zu den späteren Verlegenheiten bei, da es geradezu unmöglich wurde, den gewaltigen Train weiter zu befördern. Freilich konnte man ohne starke militärische Bedeckung ein von Sklavenhändlern tyrannisirtes Negerland nicht wohl betreten und es dürfte bei den jetzigen Zuständen überhaupt äusserst schwierig sein, selbst mit grossen Mitteln vom Bahr el ghasal aus ins Innere vorzugehen.

Seribah Biselli in Bongo, August 1863 [1]).

Reise nach Kulanda: Tod von Madame Tinne und H. Schubert; glänzendes Anerbieten. — Wir haben hier sehr traurige Tage und Ereignisse erlebt, durch die manch' schöner Plan an seiner Ausführung vereitelt worden ist.

Wie ich Ihnen mit meinem letzten Schreiben von hier aus berichtete, hatten die schamlosen Prellereien der Seribah-Besitzer uns veranlasst, Alles zu thun, um noch vor Einbruch der grossen Regenzeit aus ihren Klauen zu kommen, aber ohne sie war es kaum möglich, Neger zur Fortschaffung des Gepäckes in hinreichender Menge zu erhalten. Zugleich wurde uns die Kunde, dass der Dembo- oder Kosanga-Fluss derart durch die Regen gestiegen, dass an ein Übersetzen von mehr als 400 Trägerlasten Bagage nicht zu denken sei.

Mir schien eine Luftveränderung für die ganze schon im Laufe des Juni mehr oder minder leidende Gesellschaft auch sehr angemessen und ich machte den Vorschlag, an den hohen Ufern des Kosanga-Flusses einen geeigneten Platz zu suchen und uns dort Hütten zu bauen. Ich laborirte um jene Zeit immer noch an meiner Dysenterie und Baron d'Ablaing entschloss sich zu einer Rekognoscirung der Gegend. Er kam ziemlich befriedigt zurück, ich hatte bald darauf Mittel gefunden, einige 50 Neger zum Aufbauen solider Strohhütten zusammenzubringen, und reiste in Begleitung Klančnik's am 17. Juli nach dem gegen 18 Meilen W. von hier gelegenen Negerdorf Kulanda ab. Drei Meilen NW. von Kulanda, auf dem Hochgestade des Dembo-Flusses, mitten in der an Hochbäumen reichen Qaba begannen wir ohne Verzug unsere Arbeiten und schon nach 3 Tagen standen 6 solide Hütten und ein Getreidemagazin, als ich durch einen Boten von d'Ablaing die traurige Nachricht des plötzlichen Todes von Madame Tinne erhielt. Er bat mich, — was sich allerdings schon von selbst verstand — augenblicklich zurückzukehren. Ganz gleichzeitig kamen Boten, die ich an Schubert nach dem Kosanga-Gebirge geschickt hatte, bei uns an, welche dieses zweitletzte Mitglied unserer Expedition in Afrika auch nicht mehr am Leben gefunden hatten. Er war Mitte Juli einer

Monate lang anhaltenden Dysenterie endlich unterlegen! Wer weiss, wie lange das letzte Glied der „Expedition nach Central-Afrika" noch aushält! Hoffentlich bis zum Flusse von Sena, den ich übrigens kürzlich auf einer älteren Französischen Karte verzeichnet fand, und zwar ungefähr auf der Stelle, die ich zu erreichen hoffe; nur lässt der Kartograph seinen Sena oder Sené der Küste von Zanzibar zufliessen. Kurz nach meiner Rückkunft hierher erhielt ich ein Billet von Fräulein Tinne, in welchem sie mir sagte, sie wolle nicht, dass ich in meiner Weiterreise durch das Unglück, das sie betroffen habe, gehindert werde, und sie bitte mich, was ich von Glasperlen, Munition, Stoffen, Kupfer u. s. w. von ihren Vorräthen brauchen könne, für meine Zwecke in Empfang zu nehmen und ihr zugleich anzugeben, wie viele ihrer Soldaten ich noch nöthig zu haben glaube, die sie mir ebenfalls gern überlasse. In Anbetracht der obwaltenden Umstände glaubte ich dieses glänzende Anerbieten dankbarst annehmen zu dürfen, und zögerte nicht, von demselben in vollstem Maasse Gebrauch zu machen. Fräulein Tinne hatte noch überdiess die grosse Güte, mir das grössten Theil der noch von Chartum erwarteten Provisionen zur Verfügung zu stellen, so dass mir die Mittel gegeben sind, mich länger und ganz selbstständig bei den Njamjam aufzuhalten und umherzutreiben. Nur Eine Hauptschwierigkeit ist noch zu beseitigen: ich muss bei den Dör oder Qôla etwa 80—90 Träger für mindestens 4 bis 5 Monate zu miethen suchen, da ich bei den Njamjam unter keiner Bedingung solche bekommen kann; ich fürchte, die hohen Miethpreise und theueren Lebensmittel für so viele Leute werden mich in kurzer Zeit ruiniren, und ich muss auch auf die Rückreise nach Chartum denken, die mich, da ich ein Schiff mit Bemannung miethen muss, schweres Geld kosten wird.

Krankheit, Klima. — Ich lasse nun so nach und nach all' mein Gepäck nach dem Dembo-Fluss schaffen. Meine Last- und Reitthiere sind mit Ausnahme eines Maulthieres und eines Esels zu Grunde gegangen, auch die Damon und d'Ablaing haben so ziemlich alle ihre Esel und alle Kameele verloren und der Gesundheitszustand der Gesellschaft selbst ist ein sehr schlimmer; ich fürchte, das Klima wird noch mehr Opfer fordern. Meine Dysenterie ist seit 14 Tagen so ziemlich gehoben, aber ich bin so elend und schwach, dass ich mich nicht weit über die Seribah hinaus wage. Gesammelt habe ich eben meiner Krankheit wegen in den

[1]) Dieses in Briefform abgefasste Tagebuch schliesst sich unmittelbar an die Berichte im 2. Ergänzungsband der „Geograph. Mittheil.", S. (142)—(164), an und es sind diese letzteren daher nachzulesen, um über den Verlauf der Tinne'schen Expedition und Th. v. Heuglin's Thätigkeit während derselben sich vollständig zu informiren.   A. P.

letzten 3 Monaten gar Nichts im Verhältniss zu der vielen Zeit, die ich ganz nutzlos verlieren musste.

Die Regenzeit ist nicht sehr nass und stürmisch. Gewöhnlich dauern die Regen nur ½ bis 1 Stunde, selten über 6 Stunden, und im Juni und Juli fielen wohl nicht mehr als 25 Regen. Seit Anfang Juli haben wir meist Westwinde, auch die meisten Gewitter kommen aus jener Gegend. Die Temperatur ist sehr gemässigt und gleichförmig (18—25° R.), die Nächte sind nicht auffallend kühl, aber sehr feucht und reich an Thau, der trotz vielen Sonnenscheins in dem dichten, schon oft über 8 Fuss hohen Gras der Qaba den ganzen Tag über nicht abtrocknet.

Produkte. — Ende April und im Mai hatten die Anssaaten in Bongo begonnen. Mitte Juli war bereits überall reiche Bohnenernte, fast gleichzeitig reiften eine zahllose Menge von Gurken, bald darauf Türkischer Mais und Ankoléb (Holeus saccharatus?), jetzt giebt es zwei gute Arten von Kürbis, deren eine ungemein gross wird. Tabak und Sesam reifen Ende August und im September, Durrah, Dohen und Telabun (Eleusine) erst nach der Regenzeit (von Mitte September an). Erdnüsse (Ful-Kordofani) werden zwei Mal ausgesäet und Anfang September und im April und Mai geerntet. Zwei Arten Tabak sollen kultivirt werden, eben so zwei Arten Lupinen, von denen ich aber noch keine sah. Alle diese Kulturpflanzen waren hier einheimisch, ehe die Chartumer Handelsleute ins Land kamen, die nun hin und wieder etwas Zwiebel, Rettig, Bedindján u. s. w. bauen. Sehr häufig ist wilde Baumwolle, auch Ricinus und Bamien, welch' erstere aber nicht benutzt werden. Zahllos ist die Menge wild wachsender Baumfrüchte und Wurzeln, die von den Eingebornen gesammelt und gegessen werden. Bienen sind nicht selten, der Honig von guter Qualität, auch das Wachs wird gegessen und es soll sein Genuss der Gesundheit sehr zuträglich sein. Man erzählte mir früher immer, dass im Lande der Djur, Bongo u. s. w. kein Rindvieh, Ziegen und Schafe gehalten werden könnten wegen einer diesen Thieren schädlichen Fliegenart. Ziegen und Schafe waren jedoch, ehe die Handelsleute das Land auszusaugen begannen, in Menge hier, eben so Haushühner, selbst unsere ziemlich zahlreichen Heerden von Hornvieh gedeihen hier sehr gut und nur etwa 100 Stück Ziegen und Schafen ist bis jetzt nicht ein einziges umgekommen. Für Esel und Pferde dagegen scheint das Klima gar nicht geeignet, noch weniger für Kameele.

Einheimischer Handel. — Ich habe mich früher oft bemüht, Erkundigungen über den Weg einzuziehen, auf dem der einzige vor den Expeditionen Mehemed Ali's hier bekannte Europäische Handelsartikel, die Konterien (Glasperlen), seiner Zeit, ehe die Nil-Strasse dem Handel geöffnet war, in die hiesigen Negerländer hatte gelangen können. Man

muthmasste, von der Sauáhel-Küste oder durch die Berri aus den Galla. Auf meiner ersten Reise im südlichen Kordofan im Jahre 1854 traf ich Djeláben (eingeborne Handelsleute), die mir erzählten, sie kämen über Hoferat-el-nafias und den Gazellen-Fluss alljährlich bis zum Handelsplatz Telgauna, weit (30 bis 40 Tagereisen von Kordofan) im Süden von Darfur. Damit stimmen einige später gemachte Aussagen überein und hier erfahre ich, dass lange, ehe die Chartumer Handelsleute über den Bahr el Ghasál und Djur westwärts vorgedrungen sind, regelmässige Karawanen von Kordofaner und Darfurer Sklavenhändlern über Hoferat-el-nafias bis zu den Njamjam zogen und auf ihrer Strasse zwischen dem Kupferland und Dar Dika (Mofio) seit geraumer Zeit Stationen gegründet haben. Sie importiren auf Eseln blaue Baumwollenzeuge, Glasperlen, Salz, Natron und Kupfer, wogegen sie Elfenbein und Sklaven eintauschen; durch sie und auf diesem Wege über die südlichen Njamjam, Jangbara und den Jei-Fluss dürften die Bari und ihre Nachbarn vor Zeiten in Besitz ihres Glasschmuckes gelangt sein. Ein eingeborner Handelsmann erzählte mir kürzlich Ähnliches, wie Morlang in der Beschreibung seiner Reise nach Jangbara berichtet. Mein Gewährsmann hatte bei einem Sultan am Fluss Makua (dem nördlicheren Zufluss des Sena) einen alten Neger kennen gelernt, der einen Monat stromabwärts gekommen war bis zu einer Franken-Stadt, deren Bewohner, weisse bärtige Leute, Doppelgewehre tragen und in Häusern aus gebrannten Ziegeln wohnen. Sie haben grosse Schiffe mit Wohnungen, treiben immerwährenden Handel mit den Eingebornen und kommen stromaufwärts bis zu den westlichen, weit entfernten Grenzen der Njamjam.

Die Fabrikation von Glasperlen und ihre Verwendung als Schmuck reicht ins graueste Alterthum hinauf; ungemein zahlreich finden wir sie in den alt-Ägyptischen Gräbern aus den Zeiten der vierten Dynastie, der Pyramiden von Abu Rauasch und Djísch bis zur Römischen Okkupation. Sie waren theils aus gebrannter Erde, mit buntem Schmelz überzogen, theils sehr künstlich mosaikartig zusammengesetzte Glasflüsse, auch nicht selten edlere Steine, wie Lasur, Malachit, verschiedene bunte Quarze, Türkis, Beryll, Smaragd und sogar Rubine mit feiner Bohrung wurden getragen. Auf den Wandgemälden von Theben, Selib, Djebel Barkal, Meroe u. s. w. sieht man Darstellungen von gefangenen Negerfürsten und Sklaven, welche Tribut aus fernem Süden darbringen und meist Perlenschmuck am Halse tragen. Bei Gelegenheit von Ausgrabungen, die wir in den Ruinen von Sóba veranstalteten, wurden ebenfalls noch Glasperlen in Menge gefunden.

Das Treiben der Fremden im Lande: Elephantenjagden. — Ueber die Konstruktion einer Seribah (wörtlich: Einzäunung, verschanzter Platz) habe ich Ihnen früher berichtet. Die Reinlichkeit ist in diesen Gehöften eben nicht zu Hause, an Ungeziefer und Ratten Überfluss und der grösste Theil der Einwohner gewöhnlich mit Syphilis behaftet, die sich natürlich nach und nach auch bei den Eingebornen einnistet. Kolossal ist vollends der Unrath und Gestank ausserhalb der Einzäunung und in der Nähe der Brunnen; dorthin werden auch gefallene Thiere und todte Sklaven geworfen, ohne dass Jemand daran denkt, sie zu verscharren. Gewöhnlich ist der Besitzer einer solchen Seribah nur zur Zeit der Beschiffung des Bahr-el-ábiad hier anwesend, ein oder mehrere Wokelah (Plur. von „Wekil", d. i. Stellvertreter) wirthschaften von Mai bis Dezember für den Herrn, der im Spätherbst mit Beginn der Nordwinde in Chartum seine Barken mit neuen Vorräthen, Soldaten u. s. w. befrachtet. Die Wokelah sind meist ehemalige Sklaven, auch einige Arnauten sind als solche etablirt und bemühen sich nach Kräften, ihr weltbekanntes Renommé auch hier zu befestigen. Dem Wekil sind einige Unteroffiziere (Schausch) und mehrere Dragomane beigegeben, das übrige Personal der Seribah besteht in 60 bis 150 sogenannten Soldaten (Áskari), meist Berberinern, Schaikieh, Djâalin u. s. w., Elephantenjägern und einer grossen Anzahl Sklaven und Sklavinnen. Der Besitzer der Seribah macht hier eigentlich keine Geschäfte, sein Stellvertreter dirigirt diese unabhängig. Ersterer ist durch sich selbst erklärter souverainer Herr eines Landstrichs, den er ausheutet und dessen Bewohner alle als „seine Sklaven" Kontributionen in Lebensmitteln, Kupfer, Eisen u. s. w. liefern, Lasten fortschaffen und die meist detachirten Soldaten ernähren müssen. Was die Eingebornen an Elfenbein besitzen, darf nur an den Chef des Landes (den betreffenden Kaufmann) veräussert werden, doch ist die Quantität der Zähne jedes Distrikts verhältnissmässig gering. Der Wekil sendet daher in fernere Gegenden Partien von 10 bis 100 Soldaten mit etwas Handelsartikeln, um solche einzukaufen und Sklaven und Rindvieh zu erbeuten. Hat man in Erfahrung gebracht, dass irgendwo an entfernteren Plätzen viel Elfenbein sich finden soll, und ist das Land dort durch frühere Ghasua (Plünderzüge) schwierig geworden, so verbinden sich 2 bis 3 Wokelah mit ihrer disponiblen Mannschaft, die oft weite Züge ins Innere veranstalten. Auch die in den Seriben etablirten Elephantenjäger sind natürlich meist auswärts beschäftigt. Gewöhnlich gehen ihrer 4 bis 6 zusammen, begleitet von den nöthigen Schutzwachen und Negern. Ihre Bewaffnung besteht in einer schweren Büchse, die 3 bis 5 meist mit Stahlspitzen versehene Kugeln pr. Pfund schiesst. Die Neger tragen Munition und Mundvorräthe und einige Hacken und Beile, um die Zähne der getödteten Thiere auszubrechen und in der Qaba Hütten zu errichten, wenn ein längerer

Aufenthalt an einem Platz für nöthig erachtet wird. Meist verfolgen alle eigentlichen Jäger gemeinschaftlich mit einigen Führern die überall sehr zahlreichen Elephantenheerden, und diess oft meilen- und tageweit, bis es gelingt, die Thiere anzubürschen. Mehrere Jäger schiessen gleichzeitig auf ein solches, einige andere stehen hinter ihnen bereit, um für den Fall, dass der angeschossene Elephant chargiren sollte, bei der Hand zu sein, his die ersteren wieder geladen haben. Jeder Schütze trägt als Zeichen seiner Würde immer ein kleines, dickes, festes Kissen auf der rechten Schulter aufgenäht, das den fürchterlichen Rückstoss der meist überladenen Büchse abhalten soll. Dieser Stoss ist auch bei regelrechter Ladung so kräftig, dass ein Jäger nicht viele Schüsse in kurzer Zeit zu thun im Stande ist; beim Feuern wird das schwere Gewehr auf den Rücken eines Soldaten oder Negers aufgelegt und wo möglich auf Schulter oder Knie gezielt. Wekil und Elephantenjäger haben, ersterer meist einen Geschäfts-, letztere einen Beuteantheil als Löhnung. Die Soldaten erhalten ausser freier Station (sie sind befugt und angewiesen, sich von Diebstahl und Raub zu ernähren) 50 bis 80 Piaster monatliche Löhnung, auch ist sie berechtigt, kleinere Geschäfte in Eisenwaaren, die sich in der Meschra u. s. w. gut verkaufen, Lanzen, Pfeilen, Thierhäuten und anderen Kuriositäten zu machen. Da diese Leute oft Jahre lang sich hier aufhalten, bedürfen sie natürlich nicht wenig Stoffe zu Kleidern für sich und ihre Sklavinnen, Glasperlen, kupferne Armringe, Tabak, Salz u. s. w., Artikel, die ihnen ihre Herren zu den schamlosesten Preisen liefern und bei der Abrechnung am Lohn abziehen. Die hier gangbaren Glasperlen sind kaum erbsengrosse, undurchsichtige weisse und rothe Körner, Njaudet und Damarháf genannt, sie kosten in Chartum 600 his 1200 Piaster pr. Centner. Die Soldaten erhalten sie hier pr. Pfund à 100 Piaster in Rechnung, blaue und weisse Baumwollenzeuge (das Kleid in Chartum à 12 bis 15 Piaster) ebenfalls zu 100 Piaster, Tabak (schlechte Sorten um Chartum und Sennaar à 1½ Piaster pr. Pfund produeirt) à 20—50—100 Piaster pr. Pfund. Schlechter Dattelbranntwein ist bis zu 200 Piaster pr. kleine Flasche verkauft worden. Die Preise für Reis, Kaffee, Munition u. s. w. fluktuiren mehr je nach dem Stand des Marktes. Zahlungen werden nur mittelst Obligationen (Arab.: Senet) auf Chartum, an Ort und Stelle in Glasperlen und Kupfer gemacht, so wie alle Arten von Tauschgeschäften. Die 10 Seriben zwischen der Meschra, Darfur und den Njamjam haben dieses Jahr über 800 Centner Elfenbein exportirt, die Anzahl der Sklaven kann ich nicht annähernd schätzen, die Zahl der durch sie geraubten Ochsen und Kühe schlage ich auf 5000 an. Der Preis des Elfenbeins aus erster Hand (von den Eingebornen) ist sehr verschieden. Bei den oberen Njamjam soll ein grosser

Zahn nicht über 1 bis 2 Armringe oder 1 Pfund Glasperlen kosten, in der hiesigen Gegend mindestens das Zehnfache. Für gute Ochsen (deren Fleisch übrigens hier sehr ungesund ist) bezahlt man bei den Dinka zwischen dem Djur und der Meschra 4 bis 12 Armbänder (à ³/₄ Pfund Kupfer werth), für Ziegen und Schafe etwa 1 Armband oder 1 bis 2 Pfund Glasperlen. Cerealien, Hülsenfrüchte u. s. w. werden von den Eingebornen nur in sehr kleinen Quantitäten veräussert; wir sind genöthigt, den Seribah-Besitzern 9 Thaler pr. Ardeb (etwa 180 Pfund) Durrah und Dohen zu bezahlen, und haben in nicht ganz 3 Monaten über 80 Ardeb (also für mehr als 700 Thaler) konsumirt (!!) und trotz dieser Ausgaben leiden die Leute zuweilen Mangel und ich weiss oft nicht, was beginnen, um für den morgigen Tag Korn genug herbeizuschaffen; es fehlt nicht im Land, aber man will die Preise noch höher treiben und verlangt oft 1 bis 2 Thaler Trägerlohn pr. Neger für 1 Tag. Kürzlich schickten wir 5 Soldaten und 20 Neger in das Land der unteren Njamjam, um dort Einkäufe an Provision zu machen. Ein Chartumer Kaufmann und Sklavenhändler, Ali Abu Ämuri, beutet jene gewöhnlich aus und erklärt somit Land und Leute dort für sein Eigenthum. Als unsere Expedition eben im besten Handel begriffen war, wurde sie von Elephantenjägern, Soldaten und Sklaven Ali Ämuri's aufgehoben, ihre Waffen und Munition weggenommen und sie auf die Seribah des Bruders Ämuri's nach Dembo geführt. Einige unterwegs desertirte Neger (von unseren Trägern) wurden wieder aufgegriffen und auf der Stelle erschossen, ein anderer soll Hungers gestorben sein; die Soldaten hielt man 5 Tage in Dembo in Eisen, ehe sie in Freiheit gesetzt wurden, fünf Negerjungen dagegen eignete sich der Chéf der Seribah als Sklaven an, und warum alles dieses völkerrechtswidrige Betragen? Weil wir gewagt hatten, unsere Leute in ein von Ali Abu Ämuri als sein Eigenthum betrachtetes Land zu schicken, und unsere Durrah nicht von ihm kaufen wollten. Das ist die Handels- und Verkehrsfreiheit, die unsere Europäischen Vertreter in Chartum und Ägypten für den Weissen Nil ausgewirkt zu haben vergaben und die dieselben mit vollen Backen durch Journale ausposaunen liessen, in Artikeln, die — wie ich aus Erfahrung weiss — auf ihren eigenen Bureaux komponirt wurden. Und welche Folge wird eine Klage unsererseits gegen die Leute Ali Abu Ämuri's haben? Es hat — obgleich unseren Generalkonsulaten in Ägypten die Barbaren-Wirthschaft auf dem Weissen Nil sehr wohl und bis in kleine Details bekannt ist und obgleich seit Jahren nicht Morde, Raubzüge und Sklavenhandel beträchtlich mehren und Reisenden und einigen anständigen Kaufleuten der Wandel und ehrlicher Verkehr rein unmöglich gemacht ist — Niemand daran gedacht, ernstlich bei der Lokal-Regierung von Ost-Sudan einzuschreiten, wenn diess nicht jetzt von Seiten Englands geschieht, da Baker und Speke wohl nicht ermangelt haben werden, die Aufmerksamkeit ihrer Regierung und des Englischen Publikums auf diesen Punkt zu lenken. Der einzige Europäische Handelsmann von Chartum, der je den Djur überschritten und sich in der Nähe der Njamjam etablirt hatte, der uns jetzt begleitende Herr Klančnik, wurde vor 1½ Jahren auf seinem Wege von Kosanga nach Dar Dika von einer Truppe Soldaten des Arnauten Kutschuk Äli überfallen und mehrere seiner Leute schwer verwundet, „weil er auf der Strasse des Wekil Said Agha (Stellvertreters oder Geschäftsführers Kutschuk Ali's) zu reisen sich erfrechte". Klančnik hat einige Monate später in Chartum eine Klage und Entschädigungsforderung eingereicht, die ihm ohne irgend eine Antwort von seinem Konsul brevi manu wieder zurückgegeben wurde (!) Jetzt kam Klančnik zum zweiten Mal in das Land und da wurde ihm durch seine Leute die Botschaft Said Agha's, dass er diess Mal mit grosser Heeresmacht oben empfangen werde und nicht mehr so leichten Kaufs echappire wie das letzte Mal!

Im vergangenen Jahre hat ein gewisser Beqir-Agha (auch Wekil Kutschuk Ali's) die Seribah eines anderen Chartumer Kaufmanns, Solimán, angegriffen und dort alles Elfenbein geraubt und vor zwei Monaten ist eine Bande des erwähnten Said Agha über die Seribah des Handelsmanns Hasab-Allah hergefallen und hat sich eines grossen Quantums von Cerealien bemächtigt.

Sklavenjagden. — Die Gegend, wo in diesem Jahre die meisten Sklavenjagden en gros gemacht wurden, ist das Dinka-Ufer des eigentlichen Bahr-el-ábiad zwischen Djebel Njemáti und der Sobat-Mündung. Mein Reisegefährte, Baron d'Ablaing, ist Ende April dort etwa 25 Chartumer Barken begegnet, die in Gemeinschaft mit den Baqára des West-Ufers und mit dem vom Gouvernement von Ost-Sudan neu bestätigten Maún der nördlichen Schilluk, Woad Ibrahim, eine grosse „Ghasua" (Plünderzug) nach dem sogenannten Chor el Dinka veranstaltet hatten. D'Ablaing versichert, dass dort wohl 2000 Schwarze, meist Mädchen und Kinder, verladen wurden, und er war Zeuge der schamlosesten Grausamkeiten, die an den Negern verübt wurden. Man erzählte ihm, dass der von Musa Bascha zur Hinderung und Unterdrückung des Sklavenhandels mit einem Schiff und einem Detachement Soldaten in Hellet Kaka stationirte Türkische Offizier so eben von den Sklavenhändlern ein Geldgeschenk (200 Beutel) und eine Partie Neger erhalten habe. An diesem Feldzug scheinen glücklicher Weise diess Mal keine Europäer oder Protegirte der Chartumer Konsulate Theil genommen zu haben, vor 2 Jahren machten dagegen die Leute des Englischen Unterthanen Chalil-

Schami, der sogar lange Zeit als Verweser des Englischen Konsulats fungirte, einen Feldzug Woad Ibrahim's mit, eben so — aber, wie man sagt, ganz unfreiwillig — ein Österreichischer Kaufmann, der in „Handelssachen" mit Woad Ibrahim in Verbindung stand.

In den vielen grösseren und kleineren Gefechten und auf ihren Raubzügen sind im Lauf dieses Jahres unverhältnissmässig viele „Soldaten" der Handelsleute zu Grunde gegangen. Der schon erwähnte Ali Abu Amuri soll deren über 100 verloren haben und unter diesen eine nicht geringe Anzahl, die bei Gelegenheit der langen Irrfahrt seines auf dem Dembo-Fluss erbauten Schiffes, nachdem alle Provisionen aufgezehrt waren, ohne Waffen und sonstige Existenzmittel in Feindesland ausgesetzt wurden!!!

Mitte September 1863.

Das Wetter; der Meschir-Tabak. — Im verflossenen Arabischen (Monds-) Monat hatten wir mehr und stärkere Regen als früher; diese sind auffallend häufiger während des letzten und ersten Monds-Viertels, die Gewitter aber jetzt meist nicht mehr von heftigen Stürmen begleitet und sie währen nur kurze Zeit, auch hatten wir neuestens deren mehrere aus Ost und auch von Nordwinden zeigen sich bereits Spuren. Alle Welt prophezeit für die allernächste Zukunft bessere Witterung. Die niedrigste Temperatur des vorigen Monds-Monats war 17° R., die höchste 28° R. Die Gramineen der Waldregion sind häufig bis zu mehr als 12 Fuss Höhe aufgeschossen und die gewöhnlichste Art, eine Avena, steht eben in Blüthe und nährt Tausende von wilden Bienen. Der Büschelmais beginnt auch zu reifen, eben so Telabun (eine Eleusine) und Erdbohnen. Auch habe ich schon beträchtliche Einkäufe in Tabak gemacht; die Pflanze blüht übrigens noch nicht, indess werden die grösseren Blätter bereits abgenommen, etwas zerrieben und noch ganz feucht, in halb fermentirtem Zustand in eine konische Form geknetet, dann zierlich in Büschelmaisblätter verpackt und so gegen Kupfer oder Glasperlen vertauscht. Für 1 Pfund Kupfer acquirirt man jetzt bei dem Djur 1¼ bis 2 Pfund dieses Tabaks, der hier zum Unterschied von einfachem Blättertabak „Meschir" heisst. Getrocknet sind diese Stücke sehr schwer und hart und müssen vor dem Gebrauch zwischen Steinen zerrieben werden. Der Geschmack ist ein etwas eigenthümlicher und die Qualität so schwer, dass Raucher, die nicht daran gewöhnt sind, den Meschir nur mit leichten Sorten gemischt brauchen können.

Industrie, Kleidung und Geräthschaften der Eingebornen. — Die Pfeife der Bongo (Dör) und Djur (siehe Figur 1 beim Titel und der Karte) ist meist klein und zierlich, der Thonkopf ähnlich dem des gewöhnlichen Tschibuk (Türkische Pfeifen), aber höher, enger und oben wenig erweitert, das Rohr 12 bis 15 Zoll lang, aus einem oben etwas verjüng-

ten und wenig gebogenen Holz bestehend, das über und über mit Kupfer- und Eisenringen verziert ist. Das Material zum Kopf ist ein schwärzlicher, sehr feiner Thon, aus dem auch alle Kochgeschirre der Eingebornen gefertigt werden, die zum Theil nicht geschmacklos durch Ringe und Einschnitte verziert sind. Nur die Weiber geben sich hier mit Töpferarbeit ab. Auch flechten die Dör- und Fertit-Damen aus der sehr feinen und festen Pflanzenfaser einer wilden Hibiscus-Art sehr saubere, 2 bis 3 Zoll breite Gürtel, an denen nicht selten einige Schnüre mit Glasperlen hängen. Sie werden nur vom weiblichen Geschlecht getragen und an sie die als Schürze dienenden frischen Laubbüschel befestigt, die jeden Morgen durch neue ersetzt werden. Die Männer der Djur und Dör haben schmale zwei- bis dreifache Ledergürtel, meist ganz bedeckt von breiten Eisen- und Kupferringen, mit einer Schürze von Zeug oder Thierhaut, während die Req und alle übrigen Dinka ganz nackt gehen. Das Gerben der Häute geschieht hier vermittelst der Rinde einer Feigen- und einer Mimosen-Art mit weichem, wenig holzigen Stengel und gelber Blüthe. Auch mit Holzarbeiten und Stroh- und Laubgeflechten beschäftigen sich die Neger. Sie fertigen kleinere und grössere Stühle, die vermittelst einer kleinen Quer-Axt (Arab.: Qadûm) aus einem Holzblock ausgehauen werden. Sie bestehen immer nur aus Einem Stück und haben die in Figur 2 gezeichnete Form. Die niedrigeren, kaum 5 Zoll hohen dienen als Kopfkissen, grössere zum Sitzen. Aus Büffel- und Antilopenhörnern macht man ferner nette Löffel, oft mit regelmässigen Einschnitten geziert, mit kurzem, meist runden Stiel und meist etwas nachenförmigem und tiefem Vordertheil. Ausser den gewöhnlichen Lanzen, Hacken, Grabinstrumenten, Messern und grossen Pfeilspitzen produciren die Dör-Schmiede noch schöne, breite, mit Widerhaken versehene Lanzenspitzen, die weniger als Waffe, sondern meist nur als Tauschartikel und Mitgift bei Heirathen benutzt werden (Figur 3). Der Bräutigam erkauft mittelst 10 bis 20 Stück derselben die Braut von ihrem Vater, der häufig damit wieder einem Sohn eine Frau verschafft. Das hintere Ende dieses 2 Fuss langen Lanzeneisens ist ein rundlicher Stiel, der in einen dicht mit starken Eisenringen beschlagenen Schaft getrieben wird, während die gewöhnlichen Lanzenspitzen (Figur 4) unten mit einer etwas konischen Röhre versehen sind, die auf den Schaft aufgesteckt wird.

Meist tragen die Weiber im Gürtel ein 12 bis 14 Zoll langes, blattförmiges Messer ohne Handhabe, mit durch Eingravirung gezierter Klinge und kleinem Knopf an Spitze und oberem Ende (Figur 5).

Die Bogen und Pfeile (Figur 6) der hiesigen Dör sind sehr gross, die Pfeilspitze oft gegen 1 Fuss lang, lanzenförmig, mit 3 bis 4 längeren Widerhaken. Im Krieg sollen sie weniger praktisch sein, da der Feind die auf ihn abgeschossenen Pfeile leicht sehen und abwehren oder pariren kann; auch sind dieselben nie vergiftet, während die der Njamjam und Fertit im Ganzen nur 1½ bis 1½ Fuss lang, vierkantig und bis zur Spitze mit feinen Widerhaken bedeckt, auch gewöhnlich mit gefährlichem Pflanzengift getränkt sind. Erstere lassen sich auch leichter aus der Wunde ziehen, letztere müssen immer ausgeschnitten werden.

Kurze Keulen aus schwerem Holz, die bei den Nuer, Dinka u. s. w. sehr im Gebrauch sind, sieht man hier wenig, eben so selten die Säbelmesser und Wurfeisen der Fertit, Kredj und Njamjam.

Der runden eisernen Spaten habe ich früher schon erwähnt, sie bilden einen nicht geringen Handelsartikel, eben so etwa 12 bis 14 Zoll im Durchmesser haltende Platten von demselben Metall mit Handhabe (Arabisch: Döqa), die zum Backen von Durrah-Brod dienen (Figur 7).

Aus Antilopenhörnern, Elfenbein und Holz werden endlich Posaunen- und Jagdhorn-ähnliche Instrumente fabricirt, die meist im Krieg und als Signalhörner gebraucht werden (Figur 8 und 9), eben so oft kolossale hölzerne Trommeln, deren eine oder mehrere immer vor der Wohnung der Häuptlinge aufgepflanzt sind. Beim Schech von Kulanda am Kosanga sah ich zwei hölzerne Trompeten von 5 Fuss Länge und 1 Fuss Durchmesser, die menschliche Figuren vorstellten.

Interessante zoologische Funde. — Über einige zoologische und ornithologische Funde liegen hier mehrere Berichte bei [1]. Sehr interessant ist das Vorkommen eines Erdwühlers (Georychus) auch in Bezug auf Thier-Geographie. Die weniger bekannten — übrigens noch nicht einmal scharf genug charakterisirten — Arten stammen ausschliesslich von der Südspitze Afrika's. Meine hiesige wird übrigens vielleicht generische Trennung von den südlichen Species erleiden. Meine ornithologische Ausbeute ist immer noch gering, enthält aber ausschliesslich nur ganz gute Stücke und verhältnissmässig sehr viele theils ganz, theils für unsere Kenntniss der Ornis Nordost-Afrika's neue Arten und Typen. Leider muss ich mich meiner immerwährend wiederkehrenden Fieber wegen noch sehr vor der Sonne hüten; des Morgens ist des starken Thaues im Hochgras wegen die Jagd bei meinem Gesundheitszustand ebenfalls nicht rathsam und die ganze Qaba ist durch Gramineen vollkommen impenetrabel, wenn man nicht den Wildpfaden folgt. Auch ist mir schon manche schöne Beute in diesen Dickichten verloren gegangen. Einige meiner Leute sind ordentliche Schützen, aber keine Samm-

ler und neben Jagen, Beschreiben, Vergleichen und Zeichnen muss ich fast alles Erlegte selbst präpariren.

Plünderungszüge gegen die Nachbarn. — Ich war mit Herrn Klančnik übereingekommen, dass er mir die nöthige Anzahl Lastträger zu billigem Preis von seiner Seribah in Kosanga zur ganzen Reise in die Njamjam liefern sollte. Am 12. d. M. (Septbr.) erhielt Ersterer jedoch Kunde von einem Einfall des benachbarten Seribah-Besitzers Idris Woad Defter, der die Neger von Kosanga geplündert und verjagt und bei dieser Gelegenheit eine Partie von Klančnik's Elfenbein mitgenommen hat, so dass Letzterer wohl genöthigt sein wird, alle seine Geschäfte hier aufzugeben. Dieser Idris, ein Berberiner, war früher Reïs (Schiffsführer oder Kapitain) der Mission in Chartum, wurde dort wegen grossartigen Betrugs entlassen, trieb 2 bis 3 Jahre Sklavenraub um Hellet Kaka und hat sich vor 8 Monaten in der Nähe von Kosanga festgesetzt, von wo er dieses Frühjahr Herrn Klančnik schon ein Mal mit Waffengewalt vertreiben wollte. Dieses Factum ist wieder eine neue Probe von den viel gepriesenen Europäischen Errungenschaften im Orient!

Gleichzeitig hatte unser Seribah-Besitzer in Erfahrung gebracht, dass Leute des Kaufmanns Hasab-Allah an der Grenzen „seines Landes" gegen geraubte Ochsen Büschelmais von den Eingebornen, „seinen Sklaven", erhandeln [1]) und dass in jener Gegend jetzt Durrah in Menge reif sein soll. Augenblicklich entsandte er seinen Wekil und alle hier anwesenden Soldaten auf den bezeichneten Platz. Dem Schech des Distrikts wurden seine Kinder als Geisseln weggenommen, da er die Menge von ihm verlangter Kontributionen nicht liefern konnte, und dann von den Soldaten Alles geraubt, was sie an Lebensmitteln fanden. Nach fünftägiger Abwesenheit kam die Bande wieder, und zwar ziemlich leer und kleinlaut, nach Hause. Man hatte kaum einige Ardeb Durrah und Telabun, etwas Kürbis, Tabak und Hühner gefunden und den armen Eingebornen blieb statt des Ertrags ihrer kleinen Kulturen für diese Saison Nichts als die weite Qaba mit ihren bitteren Zwiebeln und sauren Baumfrüchten.

Auch die Gegend um den Kosanga-Fluss ist bereits wieder rein ausgeplündert, so dass die dort stationirten Elephantenjäger des Handelsmanns Biselli den Platz wegen Brodmangels verlassen mussten. Ihr Chef hatte sie, wie

---

[1]) Siehe die Auszüge im Anhang.   A. P.

[1]) Die Benennung ﻋﺒﺪ, Âbd, Plur. Âbíd, bedeutet einerseits „Sklave", andererseits versteht man darunter auch die freien Neger, die nicht Mohammedaner sind, seltener Leibeigene aus anderen Nationen, Abessinier, Galla u. s. w. Spricht man von Negern im Allgemeinen, so wird auch der Ausdruck „el-sûd" (Plur. vom Adjektiv âsued, schwarz) gebraucht, davon „belled el sôd" und „belled el sûdân", das Land der Schwarzen. Das Wort Bahr-el-Âbiad steht dagegen nicht in entferntester Verbindung mit Âbd oder gar mit beïd (fern); âbiad lässt keine Verwechselung mit einem anderen Stamm zu.

sie mir selbst erzählten, dahin gesandt, mit nöthigem Pulver und Blei versehen, aber ohne ein Stückchen Glasperle, Kupfer oder Zeug, geschweige denn mit Mundvorräthen; diese sollten sie von den Dörfern als Tribut erheben und mit Fleisch und Fett der geschossenen Thiere, die sonst immer den armen Negern unentgeltlich überlassen wurden, noch Handel treiben.

Fleisch und Salz; Leckerbissen. — Fleisch und namentlich schweres, fettes Fleisch grösserer Thiere kann hier nicht ausschliesslich als Nahrung für den Menschen dienen, nicht einmal auf kürzere Zeit. Es geht nach Verlauf von kaum mehr als 24 Stunden in Maceration über und verursacht bei Fremden wie bei Eingebornen immer Durchfall und nicht selten Dysenterie. Ich halte nach vielen Erfahrungen in diesen heissen Zonen seinen Genuss am zuträglichsten, wenn es gesalzen, in feine Stücke geschnitten, gut und schnell vollständig getrocknet und dann zu Pulver zerrieben worden ist, das mit Gemüse oder Mehl zu einer sogenannten Melahah gekocht wird.

Für Kochsalz haben die Djur und Dör kein allgemein in Gebrauch stehendes Surrogat wie die Dinka u. s. w., die bekanntlich den Urin der Kühe mit Milch gemischt geniessen und sehr viel Tabak mit Asche gemischt kauen, welches Letztere auch theilweis hier geschieht. Auch habe ich nicht bemerkt, dass die Dör Hibiscus-Fasern, welche die fast faustgrosse, am Pfeifenrohr angebrachte Kürbisschale ausfüllen, damit sich aus dem durchgezogenen Tabaksrauch die öligen, nikotinhaltigen, stinkenden Niederschläge dort ansammeln, Stunden lang im Munde führen und kauen. Sehr erbaulich ist es zu sehen, wie der Djeng für seinen Freund eine Partie dieser halb gekauten Masse aus den dick gefüllten Backentaschen zieht; die dieser dann sich gleich selbst wieder zu Munde führt; doch *de gustibus non est disputandum!* Ein Djur findet eine Handvoll Ameisen, Raupen oder grosser Feldwanzen so pikant als grosse Landschnecken, Schlangen, Ratten oder Eier mit vollständig entwickelten Jungen wohlschmeckend. Unbebrütete Hühnereier verachtet er dagegen gründlich.

Den 6. Oktober 1863.

Regen. — Die hiesigen Wetterpropheten haben uns mit Erscheinung des letzten, im September noch nicht am Morgenhimmel sichtbaren Sternes des Grossen Bären das Ende der Regenzeit versprochen, aber seit dem 1. d. M. regnet es wieder alle Tage und theilweis sehr heftig und mit viel Sturm aus SO. und N., so dass die Wege wieder viel schlechter geworden und die Regenbetten gewaltig angefüllt sind. Von Ankunft der Schiffe der Damen noch keine Kunde, doch kann erstere sich nicht mehr lange verziehen, da in 6 Wochen schon viele Kaufleute von Chartum nach dem Bahr-el-âbiad auslaufen.

Hindernisse für die Weiterreise. — Mein Gepäck liess ich indess wieder vom Kosanga-Fluss hierher zurückkommen, da meine Leute, dort als Wächter etablirt, ewigen Plackereien von Seiten der Mannschaft des benachbarten Sklavenhändlers Ali Abu Amuri ausgesetzt waren. Überall wurde den Negern verboten, ihnen Lebensmittel zu verkaufen, und sie sogar mit bewaffneter Hand aus den Dörfern vertrieben, wenn sie auf Fourage ausgingen. Ich war wohl gewärtig, auf viele Hindernisse zu stossen, aber ich rechnete hauptsächlich auf solche von Seiten der Eingebornen und am wenigsten auf Opposition von den Kaufleuten, die sehr wohl wissen, dass ich ihnen in keiner Weise Konkurrenz zu machen beabsichtige. Ich gestehe, ich habe sehr wenig Hoffnung, unter solchen Verhältnissen Träger zu bekommen, und ich kann weder mein Gepäck hier zurücklassen und verlassen noch ohne dasselbe eine Reise ins Innere unternehmen. Viel verspreche ich mir von der Ankunft eines Türkischen Beamten, den die Damen durch das Französische Konsulat von der Regierung von Chartum zur Untersuchung der Prellereien der Kaufleute verlangt haben. Seine Absendung kann fast nicht verweigert worden sein und die Überraschung, die sein Erscheinen unter der Bande bereiten wird, sollte hinreichen, sie geschmeidig zu machen.

Ich verbrauche durch diese fatalen Zögerungen auch eine Menge von Provisionen und Waaren, die ich als Tauschartikel für Schlachtvieh, Gemüse und namentlich Getreide, an dem wir sehr Mangel leiden, nöthig habe. Ich musste kürzlich für Durrah bis gegen 30 Thaler pr. Ardeb in Waaren bezahlen und ich kann den Konsum der nöthigsten Lebensmittel für meine Soldaten und Diener nicht beschränken. Der Gesundheitszustand in unserm Lager ist leider eben noch kein viel besserer, namentlich unter dem Europäischen Theil der Gesellschaft. All' unsere Reit- und Lastthiere mit Ausnahme eines Maulthiers, zusammen an 80 Stück, sind nun zu Grunde gegangen. Das Hochgras der Steppe beginnt gelb zu werden und hat grösstentheils reife Samen mit langen scharfen Grannen, die sich überall in die Kleider einhaken und nicht minder liebenswürdig sind, als der berühmte Askanit von Kordofan, den ich gerade in derselben Zeit im vorigen Jahre mit Stendner so oft verwünscht habe. Ich habe gestern versucht, bei ziemlich schwachem NO.-Wind an einer günstigen Stelle das Hochgras in Brand zu stecken, was auch gelang. Aber ich war allein und meine Position nicht günstig, so dass ich nicht Eine durchs Feuer flüchtig gemachte Antilope zu Gesicht bekam. Auch die Elephanten zeigen sich wieder mehr in der Nähe und ich glaube, dass ich bald grössere Ausflüge unternehmen kann, da auch die neuesten Stürme und Schlagregen grosse Strecken Gras niedergeworfen haben.

Charakter der Eingebornen. — Über die Eingebornen, die uns von sehr schlechter Seite geschildert worden waren, habe ich gar keinen Grund mich zu beklagen, im Gegentheil sind sie, wenn ich in ihren kleinen Gehöften oder Kulturen zu ihnen stosse, sehr zuvorkommend, bringen gleich Wasser, Feuer, Früchte u. s. w., die Jungen reissen und raufen sich oft um das Vergnügen, mir Jagdtasche und eins meiner Gewehre zu tragen, auch bietet man mir alles Mögliche zum Kauf an, was in den Seriben nicht der Fall ist, da die armen Neger wissen, dass ihnen dort einfach Alles, was den Herren Soldaten genehm ist, abgenommen wird.

Hungersnoth. — Wie hier ist auch in Fertit und sogar theilweis bei den Njamjam jetzt grosse Hungersnoth. Ein Wekil der Seribah Biselli ging etwa vor 4 Wochen mit ziemlich viel Negern und Waaren nach Dém, der Station der Darfurer Djeláben (Handelsleute) auf der Route von Hoferat-el-nahas zu den Njamjam. Er hatte auf der Reise zwei Bezirke, Gonfara und Wara in Bongo, gründlich ausgeplündert, um sich gehörig zu verproviantiren. Trotzdem verlor er unterwegs nicht weniger als sieben Neger, die Hungers starben. Kurze Zeit darauf wurde ein zweiter Wekil Biselli's nach Gonfara und Wara gesandt, um Kontributionen für die Seribah zu erheben, aber er kam natürlich fast leer zurück.

Brutalität eines Kaufmanns. — Um Kulanda, wohin ich früher unser Lager verlegen wollte, hausen jetzt die Leute Ali Abu Amuri's. Sie haben dort etwa 50 Kinder als Sklaven weggenommen, einen Sehech in die „Schébah" (hölzerne, um den Hals gezwängte Gabel) gelegt und seine Frau erschossen, weil einer unserer Soldaten — natürlich ohne unser Wissen und Willen — von den dortigen Schwarzen einige Elephantenzähne gekauft hat, die der souveraine Herr, Ali Abu Amuri, als aus seinem Lande stammend, als sein Eigenthum betrachtet, und da unseren Leuten ihr Eigenthum nicht mehr abzunehmen war, entschädigte er sich durch Raub der Kinder für das ihm entgangene Elfenbein. Unter solchen Umständen ist es gar kein Wunder, wenn hie und da einige auf Plünderung ausziehende „Soldaten" der Kaufleute spurlos verschwinden.

Den 25. Oktober 1863.

Ende der Regenzeit; Knollengewächse. — Bis zum 16. d. M. fielen fast täglich Regen, theilweis von heftigem Sturm und Gewitter begleitet, wie zu Anfang des Harif (Regenzeit). Seither ist köstliches Wetter und ziemlich viel Nord-Wind, vorzüglich Vormittags. Immer variirt die Temperatur zwischen 18° und 28 bis 29° R. Zuweilen Nachmittags und Nachts bewölkter Himmel und ferne Gewitter im Süd. Die Flüsse sollen schon beträchtlich fallen und die Regenbetten trocknen theilweis aus, eben so schnell und fast

allgemein reifen die Gramineen und täglich sieht man eine Menge von Steppenbränden. Auch die an feuchteren Plätzen ausgesäete Durrah, deren Schafte bis über 18 Fuss hoch aufgeschossen sind, und zahlreiche Dohenfelder, die mindestens doppelt so hohen Ertrag liefern müssen als die in Kordofan, müssen bald vollends zur Reife gelangen.

Ausser vielen „Bamien" (Hibiscus) liefert das Land der Dór und Djur jetzt einige ganz vortreffliche Gemüse, ich glaube in 4 bis 5 Arten Batatas, Winden-(Convolvulus-)artige Schlinggewächse mit Blättern ähnlich denen der schönen Ipomoea des Bahr-el-ábiad. Die Knollen dieser Bataten sind theilweis von ganz enormer Grösse. Bei Einer Art erreichen sie nur die eines mittleren Apfels, sind halbkugelförmig und kommen längs der langen, auf der Erde kriechenden Schafte in Menge zum Vorschein. Die Knollen der anderen Arten sitzen dagegen an der Wurzel und bilden diese theilweis. Sie sind zum Theil lang, von Rettig-ähnlicher Form und bis 4 Zoll dick, theils breit gedrückt, unten ganz platt und mit einer Menge von Auswüchsen in horizontaler Richtung, die oft die Form von Hippopotamus-Füssen haben. Die letztbeschriebene Wurzel erreicht einen Durchmesser von 1½ Fuss auf 4 Zoll Dicke. Alle werden ähnlich wie die Kartoffel präparirt, der sie auch in Geschmack sehr gleichen.

Auch Honig ist jetzt in grosser Menge zu finden, die Preise des Getreides aber sind trotz günstiger Ernte-Aussicht nicht gefallen, was übrigens auf Schuld der Seribah-Besitzer zu schreiben ist. Erdbohnen (Ful-Kordofani oder Darfori der Araber, ich glaube Arachis hypogaea der Botaniker) und eine verwandte Art werden jetzt viel gesammelt. Ich habe mit Vortheil versucht, ein delikates Öl daraus zu präpariren. Am meisten Überfluss ist derzeit an Sesam (Arab.: Simsim), dessen Öl übrigens unter Speisen wegen seines ranzigen Geschmacks ziemlich ungeniessbar ist.

Besserer Gesundheitszustand; Zugvögel. — Von unseren Schiffen haben wir noch keine Kunde und ich vermuthe stark, dass die Maschine des Dampfers nicht in Ordnung ist und dass die Barken somit erst jetzt mit eintretendem Nordwind von Chartum abgehen können. Der Gesundheitszustand unserer Gesellschaft hat sich augenscheinlich gebessert, so dass ich glaube, der Europäische Theil derselben befindet sich jetzt ausser Gefahr. Ich laborire wie gewöhnlich am Fieber, sobald ich mich ein wenig der Sonne aussetze, und bin, obgleich sonst durchaus nicht leidend, immer noch so schwach, dass ich kaum eine Stunde weit langsam gehen kann, ohne auf längere Zeit ruhen zu müssen. Mit den Sammlungen geht es aber doch jetzt besser voran. Fast jeder Tag liefert Etwas, mit dem ich zufrieden bin. Von Europäischen Zugvögeln ist bis jetzt nur die Gelbe

Bachstelze (Budytes flavus) und die Hausschwalbe (Cheli-don urbica) hier eingetroffen; eine Wachtel sah ich dieser Tage, ohne sie erlegen zu können, ich vermuthe aber, dass es nicht die Europäische Art, sondern eine Oury-Wachtel (Coturnix histrionica) war.

Erkundigungen über das Njamjam-Land. — Über das Land der Njamjam habe ich wieder viele Nachrichten sammeln können. Am Fluss von Séna wohnen nach meinen Berichterstattern die Njamjam-Könige Kifa, Eiso, Sero und Séna; das Terrain ist dort wieder ebener und zum Theil sumpfig. Fünf Tagereisen südlich oder S. zu W. von jenem Strom ist ein immenser See, dessen Nordufer wenigstens flach sind. Die dortigen Njamjam befahren ihn, um zu fischen, bei ruhigem Wetter häufig in Barken aus Baumstämmen, Einige von ihnen sind während 24 Stunden südwärts gerudert, ohne das jenseitige Land zu sehen. Da auch ihr heimathliches niedriges Gestade ihnen bald aus dem Gesichtskreis kommt, werfen sie auf ihrem Weg häufig zerschnittenes Gras oder Holzstücke aus, die so schwer sind, dass sie nur sehr wenig die Oberfläche des Wassers überragen, um nicht vom Wind zu sehr von der Stelle getrieben zu werden. Diese Zeichen dienen ihnen als Wegweiser für die Rückfahrt. Nach den vielen mir gewordenen Nachrichten über die Entfernung des Bahr Séna u. s. w. müsste jener See unter 3° N. Br. und 21 bis 22° Ö. von Paris gelegen sein, vielleicht noch etwas westlicher. — Merkwürdig ist der Umstand, dass das ganze grosse Volk der Njamjam seit Jahren sich immer mehr nach Norden verbreiten soll. Noch nicht vor langer Zeit war Mofio's ganzes Land ausschliesslich von Fertit bewohnt, die nun theils seine Unterthanen geworden, theils gegen Darfur hin verdrängt sind. Über die wahre Ursache dieser Wanderung konnte ich nichts Näheres erfahren. Nahrungsmangel und Übervölkerung soll der Grund nicht sein, gewiss auch nicht die Eroberungslust des Stammes, der den grössten Theil Central-Afrika's inne hat. Gewisse unterworfene und den herrschenden Njamjam-Familien als Sklaven dienende Völkerschaften, wie die Bambiri und Scheri, sollen bestimmt Anthropophagen sein. Sie essen Kriegsgefangene, erschlagene Feinde und Verbrecher.

Vor einigen Wochen sollen bei Mofio drei fremde weisse Leute aus Westen angekommen sein. Ein Soldat von Biselli, der sie sah, sagt aus, sie glichen uns Europäern in Farbe und durch starken Bart, wären aber nur gekleidet wie die Njamjam, gingen in blossem Kopf und mit nackten Beinen und verständen nicht Arabisch. Ein Schwarzer, den sie mitbrachten, versteht ihre Sprache und „dika" (die Sprache der Njamjam). Mofio nahm sie sehr gut auf und beschenkte sie reich mit Lebensmitteln.

Den 10. November 1863.

Der Butterbaum. — Dieser Tage fand ich endlich nach langem Suchen die ersten Blüthen des für die Bewohner des mittleren Bahr el ábiad so wichtigen Butterbaumes, Schetr el difien, Schetr el lulu der Araber, der vorzüglich am westlichen Gestade des genannten Flusses, am Djur, Kosanga, in den Ländern der Njamjam u. s. w. sehr häufig ist und unter den Hochbäumen der Qaba eine nicht unbedeutende Stellung einnimmt. Dieser Umstand veranlasste mich, Kotschy's wirklich rühmenswerthe Abhandlungen über das obere Nil-Gebiet wieder durchzugehen, um mich als Nicht-Botaniker über diesen Gegenstand zu belehren, aber ich fand dort nur eine ganz oberflächliche Erwähnung von der Existenz eines Baumes am Weissen Nil, aus dessen Frucht Butter erzeugt werde. Der Schetr el lulu ist, wie gesagt, hier über die ganze Qaba verbreitet, sowohl an trockneren als feuchteren Standorten. Er erreicht eine Höhe von etwa 30 bis 40 Fuss bei einem Durchmesser von 1½ Fuss. Bezüglich seiner Form und Verastung gleicht er sehr unserer Eiche, die Rinde ist rauh, mit regelmässigerer tiefer Zerklüftung und von dunkelgrauer Farbe. Die knorrigen, häufig horizontalen Äste tragen kein dichtes Zweigwerk, die Zweige sind kurz, stumpf und dick, oft rechtwinkelig angesetzt, und tragen an ihrer stumpfen Spitze einen Büschel von lang-ovalen, grossen, fast lederglänzenden, quer gerippten und ganzrandigen Blättern, die bis ½ Fuss Länge erreichen und deren Rand häufig etwas wellenförmig erhaben und vertieft ist. Die jungen Blätter haben eine braunröthliche Farbe und ihr Rand ist gewöhnlich nach rückwärts umgelegt; zwischen ihnen stehen eine Menge lanzettförmiger Afterblättchen und häufig die ebenfalls büschelförmig gruppirten, 1 bis 2 Zoll langen Blüthenstiele ähnlich wie unsere Birnblüthen beisammen. Ein kleiner birnförmiger Kelch trägt 4 äussere und 4 innere grüne Kelchblätter. Die hellgelbe, etwa 9 Linien im Durchmesser haltende Blume besteht aus einem achttheiligen Blumenblatt, an dem 8 Staubfäden von gleicher Länge festsitzen und an deren Basis im Inneren der Blume 8 kleinere, den zwiebelförmigen Fruchtknoten einhüllende Blättchen entspringen, aus dem ein Stempel ohne sichtbare Narbe hervorragt (s. Figur auf der Karte). Der Geruch ist ganz unbedeutend, aber aus den Zweigen fliesst eine Milch, die zu durchsichtigen hellgelben Harz erhärtet, das schon im halbtrockenen Zustand mit lichter Flamme verbrennt und in Wasser so viel als unlöslich ist. Die Fertit benutzen dieses Harz, um Baststreifen auf das obere Ende ihrer Pfeile zu kleben, damit diese, wenn die eiserne Spitze eingetrieben wird, nicht spingen. — Die Frucht des Lulubaumes, die erst vor der Regenzeit zur Reife kommt, erinnere ich mich vor Jahren wohl gesehen zu haben; sie ist von einer gelben Fleischschicht eingehüllt, die gegessen wird,

und besteht aus ein oder zwei den zahmen Kastanien in
Farbe und Form nicht unähnlichen Kernen, die geröstet,
zerstossen und mit kaltem Wasser ausgepresst eine reich-
liche Menge wohlschmeckenden Öles bilden, das bei + 20° R.
bereits fest wird. Die Pflanze scheint mir zu den Sapo-
taceen zu gehören, aber nicht identisch zu sein mit Bassia
Parkii, dem West-Afrikanischen Butterbaum. Doch das zu
beurtheilen, muss ich den Fachgelehrten überlassen, die
wohl Mühe haben werden, nach meiner sehr unbotanischen
Beschreibung die Gattung und Species, wenn sie bekannt
sein sollten, zu bestimmen.

Das Wetter; Jagdbeute. — Die Regen haben seit 14
Tagen nun ganz aufgehört und ein grosser Theil der Steppe
ist bereits abgebrannt. Seit dem 1. November herrschen
namentlich zwischen 10 Uhr Vormittags und Mittags heftige Nordwinde, oft von Wirbelwinden und Windhosen
begleitet; die Nacht-Temperatur sank schon bis auf 15¾° R.
herab, die Mittagshitze stieg nie über 29° R. Auch fällt
wenig Thau und die Luft zeichnet sich schon durch grosse
Trockenheit aus. Ein günstiger Einfluss derselben auf
unsere vielen Rekonvalescenten lässt sich nicht leugnen,
aber es ist auffallend, wie langsam es mit der Besserung
vorangeht. Ich kann nun täglich die Qaba etwas begehen
und es fällt mir da immer noch Manches in die Hände,
was mir bisher entgangen war. So erlegte ich dieser Tage
2 Ziegenmelker, die zu der merkwürdigen Gattung Macrodipteryx gehören und von dem bekannten „Vater der 4
Flügel" (Abu djenäh Krba der Araber) verschieden zu sein
scheinen. Die Art trägt zwischen Primär- und Sekundär-
Schwingen eine ganz bartige, sehr breite, über 12 Zoll lange
fliegende Afterfeder, deren lange innere Fahnen zerschlissen
sind und in zierlichen Bogen herabhängen.

Schwinden der Hoffnung auf Weiterkommen. — Von den
Schiffen immer noch keine Kunde! Die Seriben-Bewohner
glauben, dass, da die Wasser stark fallen, jetzt ein Auslaufen aus dem Djur vor der kommenden Regenzeit unmöglich sein werde; ich hoffe aber, dass für alle Fälle
auch einige unserer Barken in die Meschra el Req kommen
werden. Von den Nachrichten aus Europa, die sie mir
bringen sollen, hängt ab, ob ich es bei meinen beschränkten
Mitteln wagen kann, bis zu Anfang der kommenden Regenzeit ins Innere zu wandern. Die Kosten eines längeren
Aufenthaltes hier mehren sich eben zu beträchtlich und
eine Hauptfatalität für mich ist der Umstand, dass alle
meine Last- und Reitthiere zu Grunde gegangen sind und
die immerwährenden Fieberanfälle mich derart geschwächt
haben, dass ich noch nicht wagen darf, eine Fussreise in
der heissen Jahreszeit zu unternehmen, die Monate lang
dauern kann. Meine Mundvorräthe sind längst zu Ende,
ich besitze nicht einmal mehr etwas Reis und Kaffee, und

auch die Tauschartikel gehen schnell nach und nach gegen
Durrah für meine Soldaten, Schlachtvieh u. s. w. zu Ende.
Auch mein Salzvorrath wird kaum mehr über 4 bis 6
Wochen aushalten und dieser Mangel ist hier unersetzlich.
Geht so die Weiterreise zu Land unter keiner Bedingung
mehr an, so werde ich wenigstens aus den Verhältnissen
den möglichsten Nutzen zu ziehen suchen und vielleicht
in den Sobat einlaufen, wo das Getreide billig und in
Überfluss vorhanden sein soll. Es sind nun 10 Monate,
dass ich von Chartum abwesend bin, und ich habe in dieser
verhältnissmässig kurzen Zeit viele traurige Erlebnisse gehabt und wenig, was dazu beitragen könnte, die dadurch und
durch meine körperlichen Leiden gedrückte Stimmung etwas
aufzufrischen. Doch kommt Zeit, kommt Rath! Vielleicht
entscheidet sich Alles noch zum Besten, wenn auch die
Aussichten momentan trübe sind.

Ein Gesandter des Königs Mofio. — Heute ist ein Beqi,
d. h. ein Grosser oder Schech Sr. Majestät Mofio's, hier
angelangt mit einigen Geschenken seines Gebieters für Fräulein Tinne, die vor längerer Zeit Leute zu Mofio geschickt
hatte. Der Mann hat grosse Reisen gemacht und spricht
recht gut Arabisch, doch konnte ich bis jetzt nicht viel
Neues über sein Vaterland von ihm erfahren. Er sagte
mir, der „Sultan" erwarte mich längst, d. h. meine Ge-
schenke, und machte mir Hoffnung, sein Gebieter werde
mir die nöthigen Träger zur Rückreise hierher gegen bil-
lige Vergütung liefern. Auch versprach er mir, Thiere zu
liefern, namentlich den Waldmenschen M'bán (eine Tro-
glodyten-Art), doch kann man sich auf all' das Volk nicht
verlassen. Selbst wenn die Leute den besten Willen haben,
Wünschen von Reisenden nachzukommen, so sind sie zu
indifferent, Etwas zu thun, auch wenn ein verhältnissmässig
grosser Gewinn in Aussicht steht. Das Ideal meines Mannes
ist der Besitz eines Doppelgewehrs, das ich ihm zusagte,
wenn er Wort halte. Er meint, mit einigen Centnern
Glasperlen und Kupfer, die ich kaum mehr besitze, könne
ich eine hübsche Reise zu seinem Sultan machen, der es
mir nie verzeihen würde, wenn ich ihn nicht besuchte.

Die Begleitung dieses Gesandten brachte uns auch die
traurige Kunde, dass die von dem Kaufmann Klančnik in
Handelsaffairen zu den Njamjam geschickten Leute wieder
von dem bereits erwähnten Sklavenhändler Idris Woad
Defter (soll heissen Woad Âfter) angegriffen und all' ihrer
Habe und Waffen beraubt wurden und dass der Wekil
Klančnik's wohl an den erhaltenen Wunden gestorben sein
werde. Es scheint, dass die Leute des Letzteren den
Angreifern weit an Zahl überlegen waren, aber der grösste
Theil des Gesindels ergriff das Hasenpanier und überliess
Wekil und Waaren ihrem Schicksal. Dieser Schlag wird
den armen Klančnik vollends zu Grunde richten und seine

etwaigen Klagen auf Schadenersatz und Bestrafung dieser Strassenräuber werden wohl ohne Erfolg bleiben und in irgend einen Papierkorb ad acta gelegt werden.

Den 21. November 1863.

Gerücht von der Ankunft der Schiffe. — Gestern erhielten wir durch Neger die somit eben nicht sehr zuverlässige Kunde von der Ankunft eines Schiffes in der Meschra el Req. Hoffentlich bestätigt sich diese Nachricht und dann zweifle ich nicht, dass es eine unserer Barken sei, die, so Gott will, uns langersehnte Briefe u. s. w. aus dem Vaterland bringt. Die letzten, die wir erhalten haben, sind von Chartum von Anfang April. Behufs Konstatirung jener Nachricht sind Leute von uns auf Umwegen gegen die Meschra geschickt worden, die direkte Route soll des Wassers wegen ganz unpassabel sein.

Das Wetter; Fieber. — Heute fiel seit langer Zeit wieder ein starker Regen mit viel Sturm und fernem Gewitter aus NO. Auch am 22. hatten wir ein heftiges Gewitter. Die Nordwinde sind jetzt sehr konstant und wehen mit grosser Heftigkeit von 10 Uhr Vormittags bis 3 oder 4 Uhr Nachmittags, sie sind nicht selten von äusserst violenten Windhosen begleitet, die uns mehrere Dächer bei uns abgedeckt haben. Seit 8 Tagen bin ich wiederholt schwer vom Fieber heimgesucht, doch hoffe ich morgen wieder arbeiten zu können.

Den 18. Dezember 1863.

Die Nachricht von Ankunft der Barken in der Meschra el Req scheint sich nach immer einlaufenden Aussagen der Eingebornen zu bestätigen, aber bis jetzt sind wir ohne positive Kunde, da wir uns noch nicht mit unserem Hafenplatz in Verbindung setzen konnten. Ich meinerseits zweifle, dass die Schiffe jetzt noch den Djur heraufkommen, was uns nicht nur der weit bequemeren Reise, die auch in geographischer Hinsicht interessant sein muss, sondern namentlich der grossen Kosten der kaum aufzutreibenden Träger wegen sehr unangenehm ist.

Blutiger Auftritt in der Seribah; Rebellion. — Am 16. d. M. hatten wir auf der Seribah Biselli einen eben nicht erbaulichen Auftritt, der die Wirthschaft auf dem Bahr el ábiad vollkommen charakterisirt. Seit einiger Zeit desertiren viele Soldaten Biselli's in Folge schlechter Behandlung mit Sack und Pack und werden sofort von den benachbarten Konkurrenten dieses würdigen Vertreters der Verbreitung der Civilisation mit Freuden engagirt. Der Schreiber und Rechnungsführer Biselli's, ein Schaïqi Namens Ali Woháb, war kürzlich von einer anderen Seribah mit fünf wahrscheinlich für seines Gebieters Rechnung ursprünglich erkauften Sklaven hier angekommen. Er schlug seine Waare schnell los und empfahl sich mit Munition und Waffen (Eigenthum des Herrn der Seribah); er

hatte bereits seine Dienste der benachbarten Seribah Ali Abu Ámuri's angeboten. Nach einigen Tagen erschien der Mann wieder bei den Soldaten Biselli's, trank ungestört mit diesen die Nacht durch im Lager, gerieth jedoch am Morgen des 16. Dezember in Streit mit einem Wekil, der ihn festnehmen wollte; Biselli's Soldaten blieben — da sie ihrem Kameraden die Freiheit gönnten — stumme und unthätige Zuschauer bei diesen Händeln. Ali Woháb machte sich endlich frei, ergriff sein Doppelgewehr und Patrontasche und floh in der Richtung zu Ali Abu Ámuri. An Biselli vorbeieilend soll er auf diesen geschossen haben, Letzterer kommandirte ohne Weiteres seiner Leibgarde von Fertit-Negern, den Mann zu verfolgen und — man sagt wenigstens so — ihn niederzuschiessen. Sogleich knallten einige 10 Schüsse hinter ihm her, die aber fehlten, und nun wurde von der flinken Negerbande eine förmliche Treibjagd auf den „Deserteur" angestellt, der sich ins Hochgras geflüchtet, in welchem er zu entkommen suchte. Es fielen noch 2 Schüsse und nach einer Viertelstunde brachte man den in der Magengegend durch und durch geschossenen Ali noch lebend, aber in hoffnungslosem Zustand zurück. Er starb, nachdem wir ihn verbunden und die aus der Doppelwunde ausgetretenen Eingeweidetheile wieder gehörig zu placiren versucht hatten, nach wenigen Stunden. Indess kam Frl. Tinne, die eine Stunde von der Seribah sich etablirt hatte, mit allen ihren Leuten an, um wo möglich noch Hülfe zu leisten. Alle Soldaten Biselli's erklärten einstimmig, dass sie ihrem bisherigen geizigen Brodherrn keinen Augenblick mehr dienen würden, und in weniger als einer Stunde war die gesammte Truppe mit Weibern, Kindern, Sklaven und den wenigen Vorräthen und Hausgeräthschaften ausgezogen und theils direkt zu Ali Abu Ámuri, theils zu Frl. Tinne sich installiren gegangen. Auch unsere Soldaten murrten und wollten nicht mehr hier bleiben, wahrscheinlich vorzüglich aus Furcht, die ihres Souverain sehr überdrüssigen Neger möchten den günstigen Moment benutzen und sich ihrer Dränger auf einfachstem Weg entledigen. Wirklich zeigte sich grosse Aufregung unter den Schwarzen und ich folgte der gütigen Einladung von Frl. Tinne, mich indess in ihrer Umgebung häuslich niederzulassen. Baron d'Ablaing wanderte dagegen zu Ali Abu Ámuri aus und Biselli ist in der weitläufigen Seribah allein mit seiner aus 10 bis 12 Fertit-Jungen bestehenden Leibgarde, einem Dutzend meist in Ketten gehender Sklavinnen und seinen 2 Wekil, die geborene Neger sind.

Wenn ich recht unterrichtet bin, hat der Fertit-Neger, der Ali Woháb erschossen hat, die That aus Rache begangen. Ersterer hat einen Bruder des Fertit in der Nähe der Seribah Qamer, wo auch Leute von Biselli etablirt

2 *

sind, mit anderen Sklaven geraubt und hier trotz der Pro-
testation seines Herrn verkauft.

Neue Verlegenheiten. — Wir sind hier nun in grosser
Verlegenheit um Träger. Frl. Tinne, die unter keiner Bedingung Neger von dem benachbarten Alí Abu Ämuri zur
Fortschaffung ihres vielen Gepäckes nach der Meschra
miethen will, hatte einen Kontrakt mit einem Seribah-
Besitzer am Dör-Fluss, Hasab-Allah, abgeschlossen, der sich
verbindlich gemacht, sie entweder an den Djur-Fluss oder
nach der Meschra zu führen. Der Mann kann oder will
nun nicht Wort halten. Ein Wekil Kutschuk Alí's, an den
man sich in äusserster Noth gewendet, hat erklärt, er würde
sehr gern das Expediren der Bagage des Fräulein über-
nehmen, sei aber ausser Stand, diess zu thun, weil er nicht
genug Soldaten zur Disposition habe; richtig ist, dass gerade dieser Wekil viele verlässliche Mannschaft zur Reise
durch die Denka-Länder unentbehrlich nöthig hat, da er
und Petherick's Wekil in ewigem Krieg mit jenen Distrikten
sind. Seit der vergangenen Regenzeit sollen von den Seriben am Djur und seiner Umgebung wieder an 5000 Stück
Vieh geraubt worden sein, das meist in Dem Qudjn und
bei den Njamjam verkauft wird, man hört von allen
Seiten, dass die Denka sich gewaltig rüsten, um ihren
Feinden den Durchgang durch ihr Land zu verwehren.
Unter solchen Umständen muss ich das Fräulein bis zur
Meschra begleiten; vielleicht finde ich dort ein Mittel, die
Reise zu den Njamjam nochmals zu versuchen, — wenn
nicht, so gehe ich auf den Sobat. Durch den langen Aufenthalt hier und in Folge der grossen Theuerung der nöthigsten Lebensmittel sind meine Tauschobjekte überdiess derart zusammengeschmolzen, dass ich für alle Fälle suchen
müsste, auf der Meschra à tout prix ein ansehnliches
Quantum zu kaufen. Da ich meinen 14 Soldaten und
Dienern kein Salz mehr verabfolgen kann, suchte ich kürzlich etwas zu acquiriren. Es fand sich wirklich ein Verkäufer, der aber für die Öqa (1 Öqa = 2⅔ Pfd.) den
schamlosen Preis von 16 Thlr. verlangte. Heute noch bot
man mir 4 Flaschen ranziges Sesam-Öl — ein Landespro-
dukt — für 300 Piaster in Waaren nach hiesigem Preise
an, obgleich der Verkäufer ohne allen Zweifel dieses Öl
eben erst bei den umwohnenden Negern auf billigstem Weg
erworben — d. h. gestohlen hatte.

Der Marktplatz Telqauna; geographische Erkundigungen.
— Über den Markt Telqauna sind mir kürzlich einige Nachrichten zugekommen. Von der Seribah Alí Abu Ämri in
Dembo hat man gegen 4 starke Tagereisen (wohl an 60
Meilen) bis Djebel Márá oder Marra, südlich von Dembo,
westlich vom Dembo- oder Kosanga-Fluss und südlich von
den Njamjam wohnen die Fertit, westlich von den Fertit
die Kredj. Um Djebel Márá sind viele Djur angesiedelt.

Von Márá gelangt man in 2½ Tagen (circa 38 Meilen) nach
Telqauna in NW., einem grossen isolirten Berg mit einer
Menge von Njamjam-Dörfern. Diese Njamjam sind von
Süden her bei den Fertit und nördlichen Djur eingewan-
dert. Der Markt ist besucht von Djelaben aus Darfur und
Kordofan und von den umwohnenden Nomaden-Araber-
stämmen der Hómr oder Hómer, Riseqát und Mándala, die
alle zu den Baqára gezählt werden. Diese sollen in ewiger
Fehde unter einander leben und die Mándala die besten
Elephantenjäger sein. Alle drei Stämme sind vollkommen
unabhängig.

Aus weitem Westen (wohl NW.) kommend fliesst ein
beträchtlicher Fluss auf 6 bis 8 Stunden in Norden am Tel-
qauna-Gebirge vorüber, der sich wahrscheinlich mit dem
Fluss von Dembo vereinigt und in den Bahr el Ghasál fällt.

Von der Seribah Biselli bis zum Kosanga-Fluss rechne
ich in direkt westlicher Richtung 20 Meilen. Von einer
Lichtung im Hochwald aus sah ich von dort 4 Berge im
Lande der Fertit, 2 in Westen, niedrige isolirte Kegel ungefähr 6 Meilen vom Fluss, einen höheren, langen, tafel-
förmigen Gebirgsrücken in NW. auf mindestens 15 Meilen
und ungefähr in der Mitte zwischen ersteren und dem
letzterwähnten einen isolirten Gipfel. Der Kosanga-Berg
war von jener Stelle aus nicht sichtbar, er liegt in SW.
auf 24 Meilen Entfernung von meinem Standpunkte. Der
Distrikt um den grösseren Berg in Fertit heisst Aqnoi,
Aquõaī. Von Dar Dika (Mofío) 3½ Tagereisen nach Westen
liegt ein Njamjam-Land Bendjieh, wo wilder Kaffee wächst;
von hier aus sind es 2 Tagereisen in südlicher Richtung zu
einem Stamm „Mérah", westlich und nördlich davon sollen
Kredj wohnen. Ihr erster Distrikt heisst Dar Adja.

Lager am Wau-Fluss, den 10. Januar 1864.

Zoologische Beute. — Während der letzten Zeit unseres
Aufenthaltes in Bongo haben sich meine wissenschaftlichen
Sammlungen noch beträchtlich vermehrt. Die in Bezug auf
Thiergeographie wichtigste Entdeckung ist die eines Borsten-
ferkels, das fast die Grösse eines ausgewachsenen Stachel-
schweines hat. Es heisst auf Dör „bogho", bei den
Djelaben aber Fár el bús, d. i. Binsenratte, ist mit
Schwanz fast 30 Pariser Zoll lang, zeichnet sich durch
ausserordentlich grosse, breite, mit 3 scharfen Furchen versehene gelbe Schneidezähne, vollkommenes Borstenkleid und
Schwimmhäute an den vierzehigen Hinterfüssen aus. Letz-
teres Merkmal scheint mein Thier von dem überhaupt nur
sehr oberflächlich bekannten Anlacodus Swinderanus, Temm.,
das aus Süd- oder West-Afrika stammt, wesentlich zu unterscheiden. Der Fár el bús soll nach Aussage der Eingebornen sogar Elephantenzähne mittelst seines kräftigen
Gebisses anschneiden und ich selbst habe mehrere starke
Stücke Elfenbein gesehen, deren Spitzen durch viele wie

mit einer Hobelmaschine eingearbeitete breite Querfurchen beschädigt waren. Eigenthümlich ist noch am Central-Afrikanischen Borstenferkel eine tiefe Hautfalte über dem Mundwinkel, die einigermaassen an eine ähnliche Süd-Amerikanische Thierform „Coelogenys" erinnert. Ferner fand ich noch einige mir unbekannte Sciurinen, 2 Meriones-Arten, eine in selbstgebanten Nestern auf Bäumen lebende Maus mit Greifschwanz (jedoch nicht Dendromys), eine sehr grosse schwanzlose Epomophorus-Art, eine sehr schöne Trappe (Otis), ähnlich der Otis caffra, und sammelte noch mehrere Exemplare des prachtvollen Central-Afrikanischen Corythaix leucolophus mihi. Auch kurz nach meiner Ankunft hier hatte ich noch einige glückliche zoologische Funde gemacht, unter Anderem einen Tchitreen-ähnlichen Fliegenfänger entdeckt, der in der Färbung an gewisse Indische Arten erinnert. Er ist ziemlich stark geschopft, von zartester himmelblauer Färbung, Bauchmitte weiss, ein Theil der Flügeldeckfedern und äussere Steuerfedern mit weissen Spitzflecken, Zügel und Stirnrand sammetschwarz und das Gefieder der ganzen Oberseite lang, dicht und zerschlissen mit Ausnahme der hornglänzenden Schaftgegend — Elminia Alexinae, nova spec.

Nicht weniger auffallend ist das Vorkommen der von Du Chaillu am Munda-Fluss entdeckten neuen Gattung Melignothes, Cassin, in Central-Afrika. Ich hatte ein Männchen einer hierher gehörigen neuen Art kürzlich in Bongo und heute das Weibchen derselben in Wau geschossen. So habe ich wenigstens meine Zeit in voller Thätigkeit zubringen können, so weit diess meine Gesundheit erlaubte, die immer noch Vieles zu wünschen übrig lässt.

Reise nach Wau; Ankunft der Schiffe. — Vor 6 Tagen haben wir unser Lager nach Wau verlegt, in der Hoffnung, von hier aus eher Gelegenheit zu direktem Verkehr mit der Meschra el Req zu finden. Fast gleichzeitig erhielten wir auf Umwegen ein Schreiben von dort von einem Kapitän (Reïs) des Fräulein Tinne, der seine Ankunft in der Meschra meldet. Das Schiff scheint erst in den letzten Tagen des Dezember dort eingetroffen zu sein. Der Reïs berichtet, aber nur sehr kurz und unklar, von seiner 45 Tage langen Fahrt von Chartum und behauptet, dass sein Schiff das erste sei, das in dieser Saison die Meschra erreicht habe. Ich verstehe die ganze Geschichte dieser Verspätung noch nicht recht.

Anstalten zur Rückreise; abermals ein Todesfall. — Am 14. Januar traf der Führer der uns nachgeschickten Schiffe mit einigen Provisionen und 75 neuen Soldaten bei uns ein mit einem Schreiben von Ihnen und den Karten u. s. w., die Sie so freundlich waren mir zu übermachen. Herzlichen Dank für Ihre Nachrichten und Bemühungen! Alle übrigen Depeschen aus Europa sind auf der Meschra zurück-

geblieben, wo uns 5 Schiffe erwarten. Es werden nun natürlich alle Anstalten zur baldigen Abreise getroffen. Ich habe 60 Träger von der Seribah Biselli gemiethet, davon 8, um meine Wenigkeit in einer Art von Portechaise weiter zu schaffen, da ich den Weg natürlich nicht zu Fuss machen kann. Das Fräulein hat versucht, Neger in Wau zu engagiren, und ist trotz aller nur denkbarer Intriguen der Handelsleute zu einem glücklichen Resultat gekommen, nachdem sie die Negerscheck, welche ihr die nöthige Zahl von Lastträgern zugesagt und dafür Tauschartikel angenommen hatten, bis zur Stellung der abgemachten Anzahl von Negern in Gewahrsam gebracht.

Die zweite Kammerfrau der Damen, die seit unserer Ankunft in Bongo immer mehr oder weniger leidend war, ist am 22. Januar auch gestorben.

Reise nach der Meschra. — Am 1. Februar war endlich so ziemlich Alles zur Abreise nach der Meschra bereit und wir brachen Nachmittags nach dem Djur zu auf. Baron d'Ablaing, der sich auf die Seribah Ali Amuri in Bongo zurückgezogen hatte, erreichte uns am 3. Februar im Dorfe des Arealbeh und am 9. kamen wir nach einer äusserst mühsamen und beschwerlichen Tour, nicht selten belästigt von den gegen die Kaufleute aufgebrachten Negern, mit einem ganzen Transport Kranker gegenüber der Meschra im Murah Scholl an. Das Übersetzen zu den Schiffen wird uns noch viele Zeit kosten, da die Gewässer noch sehr gross sind und ein tiefer Sumpf, der des dichten Hochgrases wegen nicht mit Barken befahren werden kann, vom Landungsplatz der Schiffe bis zum Murah sich ausdehnt.

Am 10. war das Fräulein mit einem Theil ihres Gepäckes übergefahren, um die nöthigen Arrangements auf den Schiffen zu leiten. D'Ablaing und ich laboriren gewaltig am Fieber, ich namentlich die Nacht vom 12. zum 13. Februar. Man hatte uns Barken auf den 13. versprochen und früh 8 Uhr machte ich mich — Anfangs von meinen Negern getragen — auf den Weg zur Meschra. Der am Sumpf getretene Pfad war jedoch so eng und ich musste mich bald entkleiden und — da die Barken nicht da waren — den ganzen Weg bis zu den Schiffen zu Fuss, an einzelnen Stellen halb schwimmend zurücklegen. Nach 4½-stündiger Arbeit kam ich dort in sehr erschöpftem Zustand an. Der Rest des Gepäckes folgte am 14. Auffallend war mir die starke Strömung der Gewässer gegen die Meschra hin und der fast gänzliche Mangel von allem Ambadj, so dass ich in eine mir ganz fremde Gegend versetzt zu sein schien. Einige 20 Handelsbarken lagen hier vor Anker, die meisten hatten mit ihren Seriben in Verbindung gesetzt; auch erzählte man uns, ein Türkischer Offizier sei im Auftrag des General-Gouverneurs Musa Bascha dieser Tage mit einigen Soldaten nach den Njamjam aufgebrochen, er hatte jedoch einen anderen Weg eingeschlagen als wir. D'Ablaing und ich wurden auf einer grossen, aber in schlechtem Zustande befindlichen Dahabíeh einquartiert, wo wir uns bald so wohnlich einrichteten, als es bei der Unmasse Gepäck und Menschen möglich war. Da nur wenige, für d'Ablaing gar keine Provisionen von Chartum angekommen waren, suchten wir in aller Eile um theueres Geld noch vieles Nöthige zu erwerben, so dass ich hoffe, wir werden nun in dieser Beziehung so ziemlich geborgen sein.

Der Ambadj-Kanal; das Wetter. — Noch am Abend des 14. liefen unsere Barken in den Ambadj-Kanal ein, der ein trostloses Bild darbot. Fast alle schon im vorigen Jahre dürren Stämme waren nur wenig über der Wasserfläche abgebrochen und bereits in starker Fäulniss begriffen. Auch die Gramineen hatten nicht überhand genommen und die Durchfahrt scheint weit offener zu sein.

Schon seit dem 11. Februar haben wir meist trüben Himmel, dabei aber oft beisse schwere Luft mit SO.- und W.-Wind, hie und da Regenschauer und Gewitter. Am 15. avanciren wir nur um einige Meilen, angeblich wegen heftigen Gegenwindes wird von der Mannschaft nicht gearbeitet, aber um so mehr gelärmt; Abends entlud sich ein Gewitter aus W. mit wenig Sturm, der Regen aber dauerte die ganze Nacht fort und verursachte in unserer Barke eine völlige Überschwemmung; zu allen Fenstern und Fugen strömte das Wasser ein, so dass bald kein trockener Winkel mehr zu finden war. Auch Gepäck und Provisionen litten nicht unbedeutend.

Den 16. Februar trüber, nebliger Tag, Anfangs geht es mit SO.-Wind etwas vorwärts, dieser schlägt aber bald in Nord um und nun bleiben wir an jedem Grasschopf festsitzen, bis man gegen Mittag anlegt. Abends werden die Barken mittelst „schäb", d. i. Ruderstangen, die an ihrem Ende eine Art Gabel haben, um die Ambadj-Wurzeln zu fassen, noch um einige Meilen weiter bugsirt, aber mit Sonnenuntergang legt Alles die Hände in den Schooss und wir verbringen die vielen lieblichen „baúdah" wegen eine ziemlich schlaflose Nacht.

Kartographische Arbeiten. — Ich komme nun zum Ausarbeiten meiner Karten und zur Revision der Sammlungen, die etwas durch den Transport gelitten haben. Meine Detailkarten über unsere Wege und alle die aufgenommenen Itinerarien habe ich heute auf den Massstab Ihrer Karten Central-Afrika's reducirt und übersende sie Ihnen mit diesen. Es wird dadurch doch wieder ein gutes Stückchen „terra incognita" ausgefüllt. Die Karten des Bahr el Ghasál und des Weissen Nil revidire ich nochmals auf der Tour nach Chartum, werde sie aber in Afrika nicht ins Reine zeichnen und vollenden können, da ich, wie Sie

wissen, leider nicht im Besitz eines Nautical Almanac bin, um die gemachten und noch zu machenden Ortsbestimmungen berechnen zu können. Hätte ich noch ein Chronometer, den Repetitionskreis der Expedition und einen Nautical Almanac zur Disposition gehabt, so wäre es mir ein Vergnügen gewesen, weit mehr Beobachtungen zu machen, und die Resultate wären natürlich weit befriedigender ausgefallen.

De Pruyssenaer's Reise ins Innere der Halbinsel Sennaar. — Unter einigen Briefen, die ich auf der Meschra vorfand, ist auch einer des Ihnen aus meinen Berichten bekannten de Pruyssenaer, der eine sehr interessante Reise im Inneren der Halbinsel Sennaar gemacht hat. Ich lege Ihnen einen Auszug aus demselben bei. Vielleicht kann ich in Chartum noch weitere Data von ihm erhalten. Wie aus dem Schreiben hervorgeht, hat er auch Höhenmessungen und Ortsbestimmungen gemacht. Es folgt hier der Auszug:

Et pour vous dire ce que j'ai fait depuis que l'année dernière vous m'avez vu partir pour le Saïd, j'ai voyagé d'abord à petites journées par la route battue jusqu'à Karkodj. Là j'ai eu l'heureuse idée de me rappeler un de vos conseils, qui était d'explorer, s'il se pouvait, Djebel Gouli et de pousser jusqu'au Khor Doleb. Je fus donc à Gouli et je grimpai la montagne d'où l'oeil embrasse un très vaste horizon; j'eus lieu de m'étonner que Hartmann qui a fait la même ascension et dû voir Djebel Sên, Djebel Bod, Djebel Marmum les place ainsi que le reste tout à rebours. Après quelques excursions dans ce groupe intéressant de montagnes j'allai au Khor Doleb et à Djebel Bod; puis me souvenant encore de ce que vous m'aviez dit de la possibilité d'atteindre le Saubat et de connaitre si le Yâl n'était pas une bifurcation de cette rivière, je me dirigeai vers le Sud par Djebel Ulu et Abu Gones, lieux que la carte de Petermann-Hassenstein cite, je crois, d'après vos indications. Je vous ferai observer que vos indications sur l'intérieur de la Djezireh jusqu'à Abu Gones sont justes, sauf la position du Marmum; mais au delà d'Abu Gones il y a erreur complète sur la direction, sans doute parceque vous aviez reçu vos details de Melek Abu Rof, qui n'avait pas dépassé Abu Gones. Ce nom d'Abu Gones n'est pas précisément celui d'un village, mais celui de la partie septentrionale de la tribu des Burun, race très curieuse que j'ai été le premier à visiter. J'ai poussé ainsi mes courses jusqu'au Saubat des Arabes, qui n'est pas le même que celui des barques du Fleuve blanc. Je suppose que la confusion est venue de ce que les gens de l'expedition d'Arnaud, sachant qu'il y avait au Sud un fleuve nommé Saubat, ont donné ce nom à la première rivière qu'ils ont rencontrée venant du Sud de la Djezireh. Il n'y a même aucune communication entre les deux rivières.

J'étais arrivé sous la latitude de Beni Changol à l'Ouest de cette localité et je voulus m'y rendre ou bien aller chez les Gallas dont j'étais voisin. Malheureusement je n'avais pas, en partant pour Gouli, songé à un pareil voyage. Je n'avais qu'un domestique et il avait été tué avec des gens d'Abu Rof auxquels il s'était joint dans un combat contre les nègres. Je perdis le même jour un chameau, une partie de mes effets etc. et me vis réduit à un seul chameau, un seul fusil et une dizaine de thalers. Forcé de renoncer à mon idée, j'allai à Kasan où j'essuyai de nouveaux mécomptes: une ghazwa du pacha vint saccager le pays pour enlever des esclaves et brûla quelques villages sur ma route, de manière que — parti pour Beni Changol dont me séparaient 4 ou 5 lieues, je dus m'enfuir à la hâte, suivi d'un seul Gouomous, en coupant directement à l'Est vers le Nil bleu. Après ces deux tentatives inutiles je vis le pays qui separe le Nil bleu du Dender et puis je continuai d'explorer la Djezireh que je traversai ainsi 3 fois, la plus septentrionale de ces 3 routes ayant été de Sennar par Djebel Saqadi jusqu'aux „Sonth" du Fleuve blanc. Ayant pris du temps j'ai pu faire la carte toute entière astronomiquement d'abord et géodésiquement ensuite grâce à la facilité d'un pays montagneux. . . . . je repars dans quelques jours, bien préparé et armé, cette fois pour Beni Changol et je verrai de là où on peut le mieux aller. . . .

Der Mann kann viel leisten, ich werde ihn zu bestimmten suchen, dass er seine Arbeiten Ihnen zusendet.

Was de Pruyssenaer über den Sobat sagt, scheint sich mir auf einen anderen Fluss in SO. zu beziehen, der zum Gebiet des Tumát gehören kann. Der Fluss im S. von Abu Gones ist mir nach vielen ganz von einander unabhängigen Quellen immer als der Sobat des Bahr el ábiad oder vielmehr als ein Zufluss desselben oder endlich als Chor Tombaq bezeichnet worden, der sicher auch zum Bahr el Moḥateh (Sobat des Nil) führt. Dass der Hauptstrom des Sobat nicht aus O., sondern aus SO. kommt, scheint ausgemacht, dagegen zweifle ich, nach meiner Idee über die Terrainverhältnisse der Galla-Länder u. s. w., an der Identität des Baro mit dem Hauptfluss des Sobat; ersterer könnte eher mit Speke's Asua zusammenfallen, wie auch d'Abbadie's „Uma". Meine oben ausgesprochene Ansicht über den Sobat, den de Pruyssenaer besuchte, gründe ich namentlich auf seine eigene Angabe, dass er von diesem Fluss aus nach Djebel Kasán gegangen sei.

Doch kommen wir wieder auf den Nil zurück.

Fahrt auf dem Bahr el Ghasál. — Erst am 18. Februar Abends gelangen wir in die Maïet el Djur (Zusammenfluss des Djur, eines anderen Chors aus W. und des Kanals der Meschra), wo sich die Wasser seeartig ausdehnen; am Mittag des 19. Februar lagen wir widriger Winde wegen

einige Stunden unfern der Mündung des Hómer. Bald darauf stossen die Barken auf unerwartete Hindernisse; an engen Stellen hat das angeschwemmte Schilf die Passage geschlossen und es kostet oft viel Arbeit, die schweren Schiffe über diese Barren zu bugsiren.

Am Abend des 21. Februar passiren wir den Bahr el Árab, der aus NW. kommt, aber bald über der Mündung mehr westöstliche Richtung annehmen soll. Zwanzig Tagereisen stromaufwärts (Tagereisen, wo mittelst Tanes die Barken weiter geschleift werden) wohnen Nuer an seinen Ufern. Vom Zusammenfluss des Árab mit dem Ghasál an stromabwärts tritt nun die Waldregion dem Hauptstrom meist auf beiden Ufern näher und das Monotone der Gegend ist wenigstens hie und da durch hübsche Baumgruppen unterbrochen. Am 23. Februar Abends 6 Uhr erreicht man die Nuer-Dörfer, wo 1 Tag Halt gemacht wird. Die Schwarzen sind viel weniger furchtsam, als bei unserer ersten Anwesenheit und bringen Schlachtvieh, Durrah und Merissa zum Verkauf.

Am 25. Februar Nachmittags gelangt man wieder an eine Stromenge, die wohl ¼ Engl. Meile weit mit Schilfgras erfüllt ist. Es sind namentlich die viele Klafter langen Wurzelschosse des wilden Zuckerrohrs, die an jeder unter dem Wasserspiegel sich befindlichen Blattscheide feine, lange, zähe, sich unter einander verwickelnde Wurzelbüschel tragen und die Passage schwierig machen. Erst am Mittag des 28. Februar gelingt es uns, frei zu werden, gefolgt von einem grossen Stück schwimmender Inseln. Um 5 Uhr Abends bemerken wir in S. auf 2 bis 3 Meilen vom Strom Qaba mit Dom- und Doléb-Palmen jenseit eines sehr stattlichen Chors, der etwa 12 Meilen weiter östlich in den Ghasál mündet. Es ist dies, wie man allgemein glaubt, eine Bifurkation des Bahr el Djebel (Kir). Eine Stunde später haben wir eine weite Flussmündung in N., in welche aber nicht weit vorgedrungen werden kann. Um 10 Uhr Nachts kommen wir am Ausfluss des oben erwähnten Chors der Palmen (Chor Doléb der Araber) vorüber, er scheint dieses Jahr sehr weit und frei zu sein.

Die kalten Nächte setzen uns und der Mannschaft tüchtig zu, Alles hustet und klagt über Erkältung. Ich laborirte überdiess 5 Tage nach einander an heftigen Fieberanfällen; dazu sind die Baúdah unausstehlich und weit zahlreicher als im vorigen Jahr.

Nur wenige Meilen von der Mündung des Ghasál legen wir am Vormittag des 29. Februar unfern eines weiteren Zuflusses aus NW., der Chor el hauadjeh Jaqúb heisst, an; er ist von Brun-Rollet befahren worden, übrigens nicht weit hinauf schiffbar und Baqára bewohnen seine Ufer. Um 2 Uhr Mittags werden wir wieder flott und gelangen theils mit leichter Brise, theils mit Hülfe der Ruder um

4½ Uhr in den Moqrén el bohúr der Schiffsleute (d. i. „die Mündung der Flüsse"), No-See der Geographen.

Der No-See. — Die Ufer des Moqrén scheinen mir etwas weiter hinaus gerückt als im vorigen Jahr und gegen die Mündung des Bahr el Djebel hin haben sich einige kleine sumpfige Schilfinseln festgesetzt. Letztgenannter Fluss zieht mit stärkerem Gefälle hart am SO.-Ufer des No herunter und der Stromstrich ist von Weitem schon erkennbar an einem langen, ziemlich schmalen blassgelb-grünen Streifen, der sich schlangenartig bewegt. Es sind diess flottirende Pistien (eine Aroidee), gemischt mit kleinen Grasinseln, auf denen nicht selten Sumpf- und Wasservögel dem Norden zusegeln. Auch fiel mir hier jetzt der Unterschied in der Farbe der Ströme deutlicher auf als früher. Das Wasser des Ghasál ist viel klarer und hat im tiefen Fluss einen sehr dunklen Ton bei voller Durchsichtigkeit, während das des Kir bereits durch Regengüsse mehr lehmfarbig getrübt ist, aber es erscheint im Glas noch ziemlich rein.

Die Pflanzenbarre im Weissen Fluss. — Die ganze folgende Nacht war uns der Wind günstig, zwar schwach, aber wir kamen an 20 Meilen vorwärts und erreichten 2 Stunden vor Tag (1. März) die Barke des Fräulein Tinne, die uns überholt hatte. Hier, etwa auf der Mitte der Wegstrecke zwischen Moqrén el bohúr und Seraf-Mündung, sollen unmittelbar nach der Regenzeit die Schilluk durch fortgesetztes Anschwemmen grosser Schilfbündel den Fluss gegen die Schifffahrt absudämmen und zu schliessen versucht haben und schon bei der Herfahrt hatten die Barken sich nur mit grosser Mühe und Zeitverlust hier durcharbeiten können. Seither hat aber der Strom auf diese einmal, sei es absichtlich durch Menschenhand oder durch Zufall, gebildete Barre durch tägliches Anflössen schwimmender Inseln, Pistien, Ambadj-Stämme u. s. w. eine solche Masse von festem Material aufgehäuft, dass wir keine Hoffnung auf schnelles Loskommen hegen durften. Der Strom macht aus OSO. eine kleine Biegung nach O. wenige Grade Nord. Er ist beiderseits eingesäumt von einem breiten Streifen Sumpfland, das mit wildem Zuckerrohr vollkommen durchwachsen ist. Die Breite des freien Wassers beträgt 250 Schritt, die Geschwindigkeit über der Barre 1½ bis 2 Meilen. Die Länge der ganzen bedeckten Partie muss ich mindestens auf 500 Schritt anschlagen und die Oberfläche derselben besteht grösstentheils aus trockenem Schilf, gemischt mit hie und da festsitzenden Grasinseln, blühendem Ambadj und Papyrus u. s. w., und diese Decke ist so dicht und voluminös, dass man, wenige Stellen und die Reste des von den passirenden Schiffen gegrabenen Kanals ausgenommen, überall trockenen Fusses umbergehen kann. An einzelnen Orten hatten die Wasser, durch den Druck von

oben gezwungen, die Oberfläche dieser Naturbrücke mit Riesengewalt durchbrochen und strömen hoch aufwallend einige 20 Schritt weiter, um wieder zu versinken. Jenseit dieses Bollwerkes lagen einige Chartumer Handelsbarken und eine Dahabíeh des neuen Mudír (Provinz-Gouverneur) von Faschódeh oder Dénab, Moharrem Effendi, der eine Spazierfahrt von einigen Monaten unternimmt, während, wie mir seine Offiziere selbst sagten, über 60 Chartumer Raubschiffe zwischen Tefafam und Djebel Denka ihr Unwesen treiben. Der Effendi unterstützte übrigens mit vieler Mannschaft unsere erste Barke, gleichzeitig wurden mehr als 150 unserer Matrosen und Diener angespannt, der zum Theil schon vorhandene Kanal, während ein Theil der Leute an zwei Leinen zog, ein zweiter mit Ruderstangen arbeitete, durch andere mit Hacken und Händen unmittelbar vor dem Schiff erweitert und so das gleichsam verfilzte Schilf endlich nach 2 Tagen ziemlich durchbrochen. An einigen früher schon freieren Stellen des kaum 15 bis 18 Fuss breiten Kanals war die Strömung enorm, wie in einer Katarakte, der Fluss aber trotzdem meist nur ein Paar Fuss tief, der Rest mit halb verfaultem Schilf wie gepflastert. Ich meinerseits konnte absolut Nichts entdecken, was darauf schliessen liess, diese Barre sei durch Menschenhände aufgerichtet. Wie viele Neger hätten bei dieser Strömung und Breite hier Schilf zuflössen und befestigen müssen, um ein solches Werk zu schaffen! Nicht zu übersehen ist, dass die Länge und Dichtigkeit der Decke sich von oben her durch das erwähnte beständige Anschwemmen täglich beträchtlich mehrt, während ich unten Nichts vom Losreissen der Massen bemerkte, und es könnte schon für dieses Jahr den rückkehrenden Schiffen geradezu unmöglich sein, die vorhandenen Hindernisse zu bewältigen. Ob bei kommender Regenzeit der Fluss seine Herrschaft geltend zu machen und Alles zu brechen und fortzuschwemmen im Stande sein wird, lässt sich natürlich nicht voraussagen; ich glaube, er wird sich im benachbarten Schilfsumpf leichter ein anderes Bett graben. Mir der Zeit lassen sich vielleicht aus dieser jetzt jedenfalls sehr seltenen Erscheinung auf dem Weissen Nil wichtige Schlüsse ziehen über die offenbar im Laufe der Zeit vielseitig gestörten Verhältnisse seines Laufs, die Inselbildung, Bifurkationen u. s. w. Am 4. März waren endlich alle Schiffe wieder am jenseitigen Rand der Barre flott.

Sklaven auf den Schiffen der Expedition. — Eine heute vorgenommene speziellere Untersuchung der Schifferäume ergab, dass trotz der strengsten Befehle und Drohungen unsererseits der Reïs und einige Soldaten 5 Sklaven eingeschmuggelt hatten, die sogleich konfiscirt wurden. Fräulein Tinne hat sie indess bei sich untergebracht und in Chartum wird schweres Gericht gehalten werden.

Der Keiláq und Sobat. — Am 5. und 6. März geht es nur langsam weiter, wir haben seit einigen Tagen von Morgens 8 Uhr bis Nachmittags 2 Uhr heftige Gegenwinde. Das Ufer zwischen Keiláq und Bahr el ábiad ist in Folge der schon beträchtlich gefallenen Gewässer 4 bis 5 Fuss hoch und besteht aus einer staffelförmigen Thon-Terrasse, auf welcher das Schilf meist abgebrannt ist; hie und da unterbrechen sie Lachen und Kanäle, welche die beiden Flüsse verbinden und einzelne seeartige seichte Teiche bilden. Auch die lange Linie der Schilluk-Dörfer jenseit des Keiláq erscheint viel höher, das Terrain dort aber bis auf einige grosse Balanites- und Dom-Bäume vollkommen kahl und ausgebrannt. Am Nachmittag des 6. März liess ich 500 Schritt weit in den Sobat einlaufen, um wo möglich Ortsbestimmungen zu machen; ich befand mich aber noch am folgenden Tag derart leidend, dass ich zweifeln muss, ob das Wenige, was ich thun konnte, nur brauchbar sein wird. Wir hatten uns am 18 Fuss hohen linken Ufer etablirt, dieses ist wie überall im unteren und mittleren Lauf des Flusses hoch und steil und besteht aus Alluvium von Thon, eisenschüssigem Sand und schwärzlichem Humus, der zum Theil noch mit Schilfkohlen erfüllt ist. Die Gegend ist flach, leicht gewellt, mit niedrigem Gebüsch von Capparis, Balanites und Mimosen licht bedeckt, sonst mit jetzt trockenem und zum Theil verbranntem Hochgras bewachsen. Auffallend war mir die Menge der hier vorkommenden Cucurbitaceen-Arten, unsere Leute sammelten namentlich die trockenen Früchte einer Art, die sie „Buchsah" oder „Buksah" nennen, deren Basaltheil meist birnförmig lang und dünn ausgezogen erscheint und die als Trinkgeschirre, ganz kleine Exemplare, der Länge nach halbirt, als Esslöffel u. s. w. dienen. Die Schönen des Sudán verwenden sie auch, wenn sie gefällige Form haben, als Parfümerie-Flaschen, die, ein Mal mit Fett gesättigt, eine sehr schöne kastanienbraune Farbe annehmen und fast transparent werden. Die Wasser des Sobat waren bereits durch Regengüsse im oberen Laufe des Flusses getrübt, wie überhaupt dieser Fluss immer lange vor den anderen beträchtlich und konstant steigt, und zwar oft schon im Anfang des Monats April.

Am Nachmittag des 7. März folgte ich schweren Herzens, weil ich den Sobat auch dieses Mal nicht weiter untersuchen konnte, den vorausgegangenen Schiffen; nun geht es also ernstlich dem Norden zu.

Die neue Mudirieh von Denáb. — Am Mittag des 9. März passirten wir Denáb (dieses ist der Name des früher hier residirenden Schilluk-Königs, die Araber nennen den Ort Faschódah). Diesen Platz hat Musa Bascha, der General-Gouverneur von Chartum, zum Hauptsitz der neuen Mudirieh (Provinz) bestimmt und eine Station an einer Chor-

mündung errichten lassen, die eben regelmässig durch Erdmauern befestigt wird. Der Mudír hat einige Artillerie, mehrere Schiffe und 1000 Mann Infanterie zu seiner Disposition; die Schilluk, die selbst Nichts zu kauen haben, sollen diese ungebetene Gesellschaft mit Durrah und Schlachtvieh versorgen, auch von Zeit zu Zeit Sklaven als Soldaten stellen und Tribut in Geld bezahlen (!).

Ein Räuber-Lager. — Am 10. März mussten wir wegen Gegenwindes in der Nähe von Djuráb el ésch auf einige Stunden an einer grösseren Insel beilegen. Dort befand sich eben ein Etablissement von Chartumer Sklavenräubern, 4 stark bemannte grosse „négér", drei unter Türkischer und einer unter Hellenischer Flagge. Ausser dem Berberiner Gesindel, das einen Theil der Raubhorde bildete, hatte die Gesellschaft noch 20 bis 30 Baqára sammt Pferden engagirt; sie scheint hier einen fixen Operationspunkt zu haben, da eine Menge Sonnendächer und Hütten am Ufer errichtet waren.

Militärstation in Hellet Kaka; Muhamed Cher und Sultan Naser von Tégélé. — Gegen Mittag des 11. März erreichten wir Hellet Kaka, wo uns der hier stationirte Ali Bimbaschi in vollem Ramadán-Glanz einen langen Besuch abstattete. Er ist hier seit Errichtung der Mudirieh in Denáb mit 100 Mann stationirt, hat einige Schech nach Türkischem Gebrauch eingekleidet und seinen neuen, aber meist noch flüchtigen Unterthanen begreiflich zu machen versucht, dass sie nun ausser aller Sorge wegen Plünderung durch Raubschiffe und Baqára sein dürften und unbesorgt ihre hungerigen und durstigen Heerden am Fluss zur Weide gehen lassen könnten; auch sind die mit den Schilluk immer in Krieg lebenden Baqára (Hauásmah und Kináneh) auf 2 bis 3 Tagereise weit ins Innere und nach Norden zurückgewiesen worden. Aber die Schilluk sollen für diese Station ausser Getreide und Schlachtvieh noch Abgaben bezahlen und Sklaven als Soldaten liefern. Muhamed Cher ist nach Ali Effendi's Aussage in Djebel Kurun mit wenig Mannschaft und in grosser Verlegenheit, wohin er sich wenden soll. Er schickte eine Botschaft an den Effendi, er sei bereit, sich in Kaka zu stellen, wenn man ihm „amán" (Gnade, Verzeihung) zusichere. Letzterer erklärte, er könne diess nur befürworten und stelle ihm eine Barke zur Verfügung, um ihn zum Mudír in Denáb bringen werde. Auch erzählte mir Ali Effendi, dass, wie ich Ihnen früher schon berichtet, der alte Fuchs Sultan Naser von Tégélé schon etwa vor 2 Jahren wirklich in Tasin (Hauptstadt der Berge) von einem Verwandten entthront wurde; doch war ihm damit noch nicht alle Macht benommen und er hatte sich mehr nordwärts, gegen Djebel Deier, gezogen und dort zu behaupten gewusst; aber er hat Musa Bascha's Offerte, sich mit einem Gnadengehalt nach Schád auf

Türkisches Gebiet zu begeben, angenommen und ist mit einigen Verwandten dort internirt. Man glaubt in Hellet Kaka, dass die jetzt in Kordofan befindliche sehr beträchtliche Streitmacht sich eben rüstet, um Tégélé endlich zu erobern und zu besetzen.

Ausdehnung des Raubwesens; feindliche Begegnung. — Der Bimbaschi klagt sehr über vollkommenen Mangel an Mitteln zur Unterdrückung der Raubzüge der Handelsbarken und ihrer Compagnons, der Baqára, und sagt, es seien gegenwärtig an 60 tüchtig bemannte grössere Schiffe zwischen Tefafam und Njemati, um ihr einträgliches Handwerk zu prakticiren, und diesen hätten sich vielleicht 1000 berittene Baqára angeschlossen. Ali Effendi hat nur ein kleines Segelboot, das nicht 20 Mann fasst, zu Inspektionsreisen und es ist ihm vor einigen Tagen gelungen, ein unter einer Europäischen Flagge segelndes Schiff wegzunehmen, dessen Mannschaft bei den Schilluk eingefallen war und dort 20 Personen geraubt hatte, die der Türke wieder in Freiheit setzte.

Am 10. März erreichten wir das Gros unserer Flottille wieder unfern Tefafam bei einem Baqára-Lager. Die Dahabîeh des Fräulein Tinne war am Abend zuvor vier grossen Barken begegnet, deren erste sie anrufen liess, um dem Kapitän ein Schreiben nach der Meschra mitzugeben; sie passirte aber, ohne die geringste Antwort auf die vom Reïs des Fräulein gestellte Bitte zu geben. Die zweite wollte ein Gleiches thun, aber der Kapitän der Dahabîeh machte sein Boot flott und ruderte mit 2 Matrosen auf das Schiff zu, von dem aus man ihm sogleich zurief, sich zu entfernen, oder man werde auf ihn feuern; der Reïs hielt diess für Scherz, als schon eine Ladung in die Schaluppe schlug. Das Schiff (ein grosser „néçér") hatte, ehe dem gefeuert wurde, hatte eine kleinere Segelbarke im Schlepptau, das der zum Glück nicht verwundete Reïs gewandt und rasch durchschnitt und Boot und drei darin befindliche Matrosen wegnahm. Man versuchte noch das grosse feindliche Schiff zu verfolgen, aber umsonst, da die Dahabîeh kein grosses Segel gesetzt hatte und der heftige Nordwind den Flüchtigen günstig war. Prise und Gefangene werden nach Chartum geführt. Fast täglich begegnen wir Räuberbarken, gewöhnlich 3 bis 4 zusammen in irgend einer Bucht vor Anker liegend, und am Ufer dem Lager der sie begleitenden Baqára mit ihren flüchtigen Pferden. Auch diess Mal kann ich den Tefafam nicht besuchen, ich will keinen Aufenthalt mehr verursachen und wäre ohnedem zu schwach, die Besteigung zu unternehmen.

Das Wetter. — Unsere Fahrt geht nur sehr langsam voran. Seit dem 10. März begünstigt uns kein W.- oder O.-Wind mehr und die Nordwinde sind immer noch sehr konstant und scharf zwischen 8 Uhr Morgens und 2 Uhr Nachmittags; es muss immer gerudert werden. Dagegen ist die Temperatur sehr mässig, sie stieg nie über 25° bis 26° R. Der Himmel ist Abends und Morgens nicht selten bewölkt; am 15. März Abends 8 Uhr fielen einige Regentropfen und auf etwa 10 Meilen im W. entlud sich ein heftiges Gewitter. Am 17. März früh 1 Uhr hatten wir ein nahes Gewitter mit gewaltigen Donnerschlägen in SW.

Türkischer Posten am Djebel Njemati. — Um 11 Uhr Nachts des 17. März legten wir am Djebel Njemati an, wo ein Türkischer Offizier mit 8 Soldaten (!!) zur Unterdrückung der Räubereien stationirt ist. Jede passirende Barke soll hier durchsucht werden und der Offizier ist angewiesen, ein genaues Verzeichniss der Equipage aufzunehmen und, im Fall Sklaven gefunden werden, diese wegzunehmen. Unser Ankerplatz war eine kleine Bucht unfern der südlichsten Felshügel des Njemati, von der aus ein flaches sandiges, jetzt ziemlich kahles Terrain leicht nach Osten ansteigt. Hier ist eine grosse Seribah von Dornbüschen angebracht, in deren Mitte der Wachtposten seine Strohhütten errichtet hat. Eine zahllose Menge von Fischen fingen unsere Leute hier ein und zwar einfach durch Schleifen von Umhängtüchern über seichte Stellen in der Bucht; die vorherrschende Art ist Chromys nilotica (Arab. Bolti), auch brachten unsere Fischer einen grossen Polypterus (Panzerfisch), die Jäger Gänse, Enten, Perlhühner und Hasen in Überfluss. Während fast unsere ganze Mannschaft so wie die einiger Kauffahrer am Ufer sich lärmend umhertreiben, gefällt es am lichten Mittag einem wilden Büffel, einen Einfall unter die Gesellschaft zu machen; er überrennt eine Frau und begiebt sich so eilig, als er gekommen, in seine Steppen zurück.

Seit dem Sobat habe ich die Dahabîeh nicht verlassen können, kaum die Kajüte auf einige Augenblicke.

Topographisches. — Auf Ihrer Karte ist südlich vom Njemati ein Berg unfern des Nil verzeichnet, den ich nicht erspähen und nicht erfragen kann; dagegen befindet sich ein wohl 3- bis 400 Fuss hoher Felshügel mit etwas Baumschlag und Buschwerk ungefähr 4 Wegstunden östlich von Mohattet el áns (der Djebel Denka [Njemati] liegt von hier aus in S. 20° O.); jener Berg soll von Fundj bewohnt sein, den Namen wissen unsere Leute nicht.

Der Wasserstand des Flusses soll im Vergleich zum vorigen Jahre bereits sehr niedrig sein, wir hatten übrigens auf der Muschelbarre von Mohattet el áns an einer günstigen Stelle hart am westlichen Ufer noch 4 Fuss Wasser. Auf Inseln und Festland bemerkt man schon viel durch Feuer oder die Trockenheit verwüstetes, ganz kahles Terrain, auch viel Schilf am Gestade ist theils vertrocknet, theils verbrannt; schön ist dagegen immer die Qaba mit den male-

rischen, durch Schlingpflanzen - Gehänge verbundenen Sunt-
bäumen, unter denen ich noch zuweilen eine Tamarinde
oder einen blühenden Dabkar bemerke. Auch zeigen sich
vorzüglich in den Abendstunden mehr Nilpferde, oft
6 bis 10 zusammen, sonst wenig Wild am Land.

Märkte am unteren Weissen Fluss. — Am 22. März besuchten wir den Markt der Lehauín an einer Biegung des
Flusses am Ost-Ufer. Es befanden sich zahlreiche Esel,
Pferde und Kameele hier, aber sonst nichts Erhebliches.
Wir konnten nicht einmal Provisionen in Butter und
Schafen machen. Am Morgen des 23. März kamen wir
nach El Eis, ebenfalls am östlichen Ufer des Stromes, wo
ein sehr besuchter Markt abgehalten wurde. Es befand
sich aber auch eine Partie Militär von Chartum hier,
welches alle Marktprodukte für die Regierung mit Beschlag
belegte. In der Hauptstadt des Sudán herrscht grosser
Nahrungsmangel, deshalb diese Maassregeln, die ein enor-
mes Steigen aller Lebensmittelpreise auch hier zur Folge
hatten.

Wir verlassen nun so nach und nach die Suntpartien,
die eigentlichen Ufer des Flusses treten in Folge des nie-
drigen Wasserstandes überall weit zurück, viel kahles,
graues, flaches Erdreich entsteigt dem Strom, auf dem sich
hie und da schon leichte Grasboden-Anflüge zeigen. Auch
bemerkt man einzelne Wasserräder auf den Inseln. Am
24. März ging es langsam, immer mit Rudern an Mandjera
el Hedjasi, Duém und der fruchtbaren Insel Hasáni vorüber
und gegen Sonnenuntergang landeten wir für kurze Zeit am
östlichen Ufer beim Hasaniëh - Dorf Auadíeh, zwischen den
Inseln Qubéschah und Djesíret el têr. Sehr deutlich unterscheidet man schon von hier aus die schönen zackigen
Formen des Araschkol in N. 15° W.

Einfluss der Türkischen Herrschaft. — Am Mittag des
25. März erreichten wir endlich Woad Schélai. Schon
bei unserer Ankunft an diesem sonst sehr belebten
Platze fiel mir der auffallende Mangel an Besuchern der
Schiffe in die Augen; auch viele Häuser waren in Trüm-
mern und bei weitem der grösste Theil der Einwohner hat
den Platz verlassen, wie man erzählt, in Folge der neuen
drückenden Steuersysteme der Türkischen Regierung. Auch
viele Felaḥ, die bisher zwischen hier und Chartum Seböpf-
räder besassen, sollen sich deshalb ins Innere der Halbinsel zurückgezogen haben. Die Felaḥín (Plur. von Felaḥ
= Bauer) sagen: „Wo ein Türke den Fuss hinsetzt, wächst
kein Gras mehr", und es ist ein Factum, dass seit Be-
festigung der Türkischen Herrschaft in Nubien, Sennaar u. s. w.
die Bodenkultur in einem grossartigen Maassstabe abgenommen hat, wie auch beständig eine Bewegung der Bevölkerung nach Süden über die Grenzen des Türkischen Ge-
bietes hinaus Statt findet. In Darfur, den unabhängigen

Provinzen Süd-Kordofans, Tégélé, Fadasi, Abu Ramla u. s. w.,
sind eine Menge Berberiner angesiedelt, eine unglaubliche
Anzahl derselben treibt sich als Djelaben (Handelsleute,
Hausirer) in weiter Ferne herum, viele Tausende dienen
als Soldaten, Matrosen u. s. w. auf dem Bahr el ábiad und
als Diener in Ägypten.

Nachrichten aus Chartum. — Von Chartum hören wir
vielerlei Neuigkeiten. Durch grosse Truppensendungen von
Kairo dahin soll dort eine sehr ernstliche Theuerung und
vollkommener Mangel aller Lebensmittel eingetreten sein;
auch sind Unordnungen durch Arnauten verursacht worden. Das Englische Konsulat in Chartum ist aufgelöst,
Petherick soll einen Riesenprozess mit der Lokal-Regierung
haben wegen der von letzterer den Soldaten und Matrosen
des Weissen Flusses auferlegten Steuern. Dass Petherick,
um seine Vereinigung mit Captain Speke auf dem Bahr
el ábiad zu bewerkstelligen, die ausserordentlichsten An-
strengungen machte und kein Opfer scheute, ist gewiss,
aber er war zu spät von Chartum aufgebrochen und die
Regenzeit überraschte ihn auf halbem Wege. Die ihm
durch diese Reise erwachsenen Nachtheile und Verluste
sind enorm. Vor seiner letzten Abreise von Chartum nach
Ägypten hat er für Herrn Baker noch ein wohlverprö-
viantirtes Schiff nach Gondokoro gesandt.

Man erzählt uns viel von der Anwesenheit eines Französischen Generals und einiger ihn begleitenden Offiziere
und 50 Mann Französischer Truppen in Chartum. Der
General hat, sagt man, dort mit Hülfe der Lokal-Regierung
noch etwa 300 Berberiner als Soldaten angeworben, sie
gehörig uniformirt und einexercirt und ist mit ihnen nach
den Bogos aufgebrochen; nach Anderen wäre er wegen
Krankheiten unter seinen Leuten, von denen schon 20 gestorben, bereits wieder über Dámer nach dem Norden gegangen. In Ägypten und Europa sollen sich zwei Kom-
pagnien zur merkantilischen Ausbeutung des Sudán gebil-
det haben. Dabei wird viel herauskommen! Doch über
Chartum Spezielleres von dort aus.

Ich kann natürlich noch nicht bestimmen, was ich in
der nächsten Zeit unternehmen werde. Diess hängt zunächst von meiner Gesundheit und den Mitteln ab, die ich
in Chartum vorfinde. Auch beginnt jetzt die schlimme,
heisseste Jahreszeit und in 2½ Monaten die Regen. Sehr
ungern würde ich nach Europa zurückkehren, ohne die
Njamjam besucht zu haben, aber ich glaube nicht, dass ich
bis kommenden Herbst über 5- bis 6000 Thaler zu verfügen
haben werde. Vielleicht hat sich Speke durch mein letztes Schreiben bestimmen lassen, die Reise nach Westen
zu unternehmen.

Ich hoffe etwa bis 30. März in Chartum zu sein, nach
14monatlicher Abwesenheit! Alle meine Berichte schliesse

3 *

ich noch auf der Barke ab, um sie gleich bei unserem Eintreffen in der Hauptstadt Ost-Sudans expediren zu können.

Berber, den 22. Juli 1864 [1]).

Reise von Chartum nach Berber. — Am 5. Juli sind wir endlich mit 3 Barken von Chartum ausgelaufen und am 9. hier gelandet. Es war für mich wirklich die höchste Zeit, meinem Körper etwas Ruhe zu verschaffen, da mich mein letztes Unwohlsein wieder hart mitgenommen hatte und die immer zeitraubenden Vorbereitungen zur Reise, die häufig von nichts weniger als angenehmer Natur sind, nur dazu beitragen konnten, meine Genesung zu verzögern.

Ich hatte im Sinn, während der kurzen Fahrt alle Arbeiten einzustellen, und all' mein geographisches Material, das ich zur Hand behielt, um mich von Zeit zu Zeit zu orientiren, bestand in der Lepsius-Kiepert'schen Karte von Nubien und einer Azimuth-Boussole von Troughton & Simms in London, mittelst der ich wenigstens die hauptsächlichsten nothwendigen Korrekturen im Flusslauf vornehmen konnte; eben so habe ich versucht, die Orthographie der Eigennamen zu verbessern. Bis jenseit der Katarakte von Qerri, wo die Ufer durch die sie bildenden Urgebirgsmassen beträchtlich verengt werden, hatten wir konstant Südwind, von da bis Berber aber wehte dieser nur in den Vormittagsstunden, während Nachmittags bei beträchtlich erhöhter Temperatur Nordwind eintrat, der oft bis in die Nacht anhielt. Hier in Berber sind heute noch die Südwinde nicht etablirt, sie wechseln meist in ähnlicher Weise, wie eben gesagt, mit Nordwinden, eben so tritt hier auch trotz der unbedeutenden Entfernung die Regenzeit immer um mindestens 6 Wochen später ein als in Chartum. Bei den Ruinen von Meroe liess ich nur auf wenige Stunden anlegen, eben so an der Mündung des Atbara, der hier bekanntlich allgemein nur „Moqrén" heisst, was im Allgemeinen „Mündung" oder Umgegend einer solchen bedeutet. Das wohl 250 Schritt breite Flussbett enthielt schon sehr viel Wasser, das in raschem Lauf dem Nil zueilt, doch hatte der Strom noch wenigstens 8 Fuss zu steigen, bis er die grünen, mit Dom-Palmen umsäumten Ufer überschreitet.

---

[1]) Die Briefe, welche wir von Herrn v. Heuglin während seines Aufenthaltes in Chartum (April bis Juli 1864) erhielten, sind im Jahrgang 1864 der „Geogr. Mittheilungen" (SS. 308—310, 350—352) bereits abgedruckt worden, da ihr Inhalt zum grössten Theil nicht Bezug auf die Tinne'sche Expedition hat. Wir wiederholen daraus nur kurz, dass Herr v. Heuglin während jener Zeit unter Anderem den Steudner'schen Nachlass ordnete und nach Deutschland schickte, dass er und Fräulein Tinne einen Process gegen die Sklavenhändler am Djur anhängig machten und sich der Person Ali Amuri's bemächtigten, dass wiederholte Krankheiten so wie die Abrechnungen der beendeten Expedition und die Vorbereitungen für die Reise nach Sauakin und Ägypten die Abreise bedeutend verzögerten, endlich dass auch Fräulein Tinne's Tante, Baronesse A. van Capellen, welche in Chartum zurückgeblieben war, am 19. Mai daselbst starb. A. P.

Aussichten für die Reise nach Sauakin. — Die Beischaffung der Kameele für unsere Reise nach Sanakin wird noch lange Zeit in Anspruch nehmen, doch haben wir hier nochmals grosse Gepäckrevision vorgenommen und werden wenigstens 30 bis 40 Kameelladungen sammt Pferd, Maulthier und Esel direkt nach Kairo senden, um die Reise so leicht als möglich fortzusetzen. Ich werde sogar wahrscheinlich meine astronomischen Instrumente wegschicken, da ich ohne Nautical-Almanac Nichts mehr thun kann, auch sind meine Uhren in schlechtem Stand.

Auf der Strasse von hier nach Sauakin stellt man mir die Untersuchung von Ruinen mit Inschriften und in den Fels gehauenen Brunnen in Aussicht. Der Platz heisst Ranáï. Die Route verdient überhaupt noch eine speziellere Aufnahme, nicht einmal die zwischen Abu Hamed und Korosko ist auf unseren Karten nur annähernd richtig verzeichnet. Kürzlich waren Ägyptische Ingenieure hier, welche die Strasse zwischen Berber und Deraui (Burckhardt's und Bruce's Routen) und die von Abu Hamed nach Korosko nivellirten und spezieller aufnahmen Behufs Anlegung einer Eisenbahn von Kairo in den Sudan. Der Scheech der Ababdeh, der diese gelehrte Gesellschaft begleitete, versichert, dass nach Aussage der Ingenieure der Bau eines Schienenweges längs der verlassenen Karawanenstrasse (Deraui — Berber) fast unmöglich sei. Schon Said Bascha hatte seiner Zeit die Idee, eine Eisenbahn in den Sudan anzulegen, und ich schlug ihm damals die kürzere Strecke zwischen Berber und Sauakin als den vernünftigsten Anknüpfungspunkt vor. Der Plan gefiel dem Vicekönig, nur schien ihn hauptsächlich der Umstand von der Ausführung desselben abzuhalten, dass Sauakin selbst zum Gouvernement von Djedda gehört. Er hat, wenn ich nicht sehr irre, sogar Unterhandlungen mit der Pforte wegen Acquisition dieses Platzes angeknüpft.

Was ich von Sauakin aus beginne, kann ich noch nicht bestimmen. Ich halte die Fragen wegen der Mündung des Gasch, Barka und Ainsaba immer noch für unentschieden. Wenn es meine Kräfte erlauben, soll auch in dieser Beziehung jetzt Etwas geschehen und unserer Expedition doch die Ehre bleiben, die meisten Aufklärungen über das Land zwischen Sauakin, Berber und Abessinien gegeben zu haben.

Räuber, Theuerung, Sklavenhandel, militärische Rüstungen. — Kurz vor mir war auch Petherick mit seiner Dahabieh in Berber angekommen und hatte eben einen Strauss mit einer Partie Arnauten bestanden, die einen Angriff auf seine Barke machen wollten, so dass der Wekil der Mudirieh sich genöthigt sah, Wachtposten am Ufer aufzustellen. Eine Menge dieses Diebsgesindels terrorisirt jetzt den Sudan, ihre Banden, die immer von Ägypten her neuen Zuwachs erhalten, begehen die brutalsten Exzesse und Ver-

breehen jeder Art, stehlen, da sie meist keinen Sold beziehen, was ihnen konvenirt, namentlich auf den Wochen-
märkten der Städte und grösseren Ortschaften, so dass die
Fellah und Araber Nichts mehr zu Markt bringen und
also namentlich in Schendi, Metemah, Berber u. s. w. oft
kaum ein Huhn oder etwas Getreide zu kaufen ist. Dazu
sind die Preise um 200 bis 300 Prozent höher als vor
einem Jahr und es kann nur mittelst Silbermünze gekauft
werden, die hier um 20 bis 22 Prozent höher steht als
Gold. Handel und Verkehr liegen schwer darnieder, für
Waarentransporte sind kaum Kameele zu bekommen, da
die Regierung für ihre immensen Militär- und Munitions-
Transporte alle noch nicht flüchtigen Kameele und Araber
in Anspruch nimmt. Man versicherte mich hier, es seien
in den letzten 3 Monaten an 10.000 Neger für Rechnung
des Gouvernements nach Kairo geschickt worden (!).

Vor 8 Tagen landete hier der erste Transport der an-
geblich auf Befehl des Franzosen Maunier in Matâneh bei
Esneh gekauften Sklaven, 35 Neger und 2 Abessinierinnen.
Ich begegnete ihrer Barke bei Woad Abu Halima unter
Französischer Flagge, was mich veranlasste, sogleich an den
Konsul Thibaut zu schreiben.

Die allgemein im Lande herrschende Unzufriedenheit
wird natürlich noch gesteigert durch die grosse Theuerung
der Lebensmittel, die auch theilweis ihren Grund in verhältnissmässig beträchtlichem Anbau von Baumwolle haben
kann, wodurch die Getreidekultur vernachlässigt wird. Nun
hat — da überdiess alljährlich in Folge hoher Abgaben
auf Schöpfräder die Bodenkultur in Ost-Sudan in sehr auf-
fallender Weise abnimmt — die Regierung neben Erhöhung
der Grundsteuer um 25 bis 40 Prozent noch eine weitere
Maassregel erfunden, den Feldbau zu Grunde zu richten.
Dieser wurde in den Mudirien Berber und Dongola — wie
im Sudan fast überall — durch Sklaven betrieben, da die
Djâlin, Schaiqieh u. s. w. selbst keinen Aekerbau verrichten.
Da erscheint plötzlich ein Werbeoffizier in Berber, Schendi
u. s. w. und proklamirt diesen Fellah-Sklaven Freiheit und
noch ein Werbegeld von 200 Piaster für Jeden, der sich
(natürlich vorausgesetzt, dass er als tüchtig zum Dienst
erfunden wird) als Soldat einreihen lässt. Diejenigen, die
nicht Soldat werden wollen, bleiben natürlich Sklaven.
Hunderte dieser Armen, die keine Ahnung haben von den
Süssigkeiten des Türkischen Soldatenlebens, haben ohne
Weiteres die Sâkieh (Schöpfrad) verlassen und sind den
glorreichen Fahnen gefolgt, während eben so viel Hunderte
von Schöpfrädern still stehen. Umsonst habe ich einen
vernünftigen Grund für die fabelhafte Erhöhung des Mili-
tärstandes gesucht. Ein Feldzug gegen Abessinien ist mir
nicht wahrscheinlich, manche Politiker des Sudan wollen
jene Maassregel in Verbindung bringen mit der demnächst

zu erwartenden Ankunft von 3 Regierungs-Dampfschiffen,
die eben von Kairo kommend die Nil-Katarakten passiren.
Man kombinirt, Musa Bascha werde sich ihrer bedienen,
um eine Armee den Weissen Nil und Bahr el Ghasál hinauf nach der Meschra el Req zu bringen, um von dort aus
über Hoferat el Nahas Darfur zu erobern. Der Schlaukopf,
der diesen Operationsplan entworfen, wird hoffentlich für
würdig befunden werden, ihn auch selbst aus- und anzu-
führen; wer dann richtig angeführt ist, das wird sich zeigen,
lange ehe die Ägyptischen Truppen die vereinte Armee
Sr. Majestät des Sultan Hussein vernichten.

v. Pruyssenaer's Arbeiten im Sudan. — Ich lege Ihnen
hier ein Schreiben von Herrn v. Pruyssenaer, d. d. Karkodj den 8. Juni, in Auszug bei, aus dem Sie ersehen
werden, dass er tüchtig arbeitet und bald eine treffliche
Arbeit von ihm in Aussicht steht:

„Quant aux renseignemens géographiques, que vous me
demandez la rédaction, indépendamment du calcul de mes
observations, me demande un certain temps: j'y travaillerai
activement et vous enverrai le tout, soit que vous restiez
au Sondan, soit que vous vous rendiez en Europe. La
carte que je confectionne comprend tout l'intérieur de la
Djezire entre les deux Nils et le Saubat ainsi que le cours
du Dinder et du Rahad. Indépendamment des observations
astronomiques, elle est basée presque entièrement sur des
opérations trigonométriques pour lesquelles des montagnes
visibles à grandes distances m'ont offert beaucoup de facilité. Ainsi depuis le Rawian jusqu'au Tefafam, la seconde
montagne du fleuve blanc, une série non interrompue
montagnes s'étend de telle sorte que du sommet de
l'une on aperçoit la suivante. A partir de là jusqu'à l'em-
bouchure du Saubat et jusqu'au cours supérieur de cette
rivière on perd de vue ces points de repère: mais d'une
montagne située à quelques lieues au Sud d'Eleis en vue
de l'Arachkol et des montagnes voisines on aperçoit le
Saqadi et El-Ma de Sennar, et de là les montagnes se
suivent sans interruption en vue du Nil Bleu jusque
dans le Berta, que dans l'intérieur de la presqu'île jusqu'à
Surkum et Kurmuk, les montagnes plus méridionales de
Burun, non loin du haut Saubat [1]. De même à l'est du
Nil [2] depuis le mont Kardus à la hauteur de Keiren on
peut mesurer trigonométriquement et jusqu'à Abu Ramle
et Donkor; et en s'éloignant du fleuve perpendiculairement
à sa direction, à peine a-t-on cessé depuis quelques heures
d'apercevoir le Kardus qu'on se trouve en vue des montagnes
de Bia à l'est du Rahad: et de là on peut opérer succes-
sivement vers le Nord jusqu'à Arandj, vers le Sud jusqu'à

---

[1] Danach scheint v. Pruyssenaer von seiner früheren Ansicht über
den oberen Sobat wieder abgekommen zu sein.   v. H.
[2] Natürlich „Nil Bleu".   v. H.

Qalabat. Mon travail offre encore deux lacunes: l'espace compris entre Sennar et Khartum, qui-peu favorable à la trigonométrie-nécessite des observations astronomiques qui me manquent encore; en second lieu les sources du Dinder et du Rahad. . . .

Je partirai pour le haut Dinder et Rahad aussitôt que les pluies auront diminué. En fait de zoologie rien qui ne soit connu, excepté parmi les reptiles dont j'ai décrit récemment beaucoup d'espèces. En fait de poissons, divers Siluroïdes hivernent comme les poissons de Kordofan, dont vous avez fait mention antérieurement. Il en est de même des crocodiles du Berta qui passent la saison sèche dans la vase durcie. . . . .

Tâchez de revenir bientôt et d'arranger quelque chose pour faire un voyage de découvertes. Vous connaissez déjà parfaitement l'histoire naturelle de ces contrées: vous possédez les connaissances nécessaires pour y voyager à peu de frais, vous êtes rompu à la manière de voyager dans ce pays. Un voyage exécuté par vous s'exécuterait plus rapidement et surtout avec plus de fruit que ceux entrepris par des personnes venues de l'Europe pour qui tout est nouveau et qui ont encore tout à apprendre et à expérimenter. C'est une chose remarquable, combien de voyages entrepris par de telles personnes, lors même qu'ils réussissent le mieux, sont pauvres en résultats scientifiques surtout en zoologie et en botanique. Il suffit pour s'en convaincre de voir ce qui a été fait par Barth, Burton, Speke [1] etc. Je ne parle pas de Baker qui, à ce qu'il me semble, ne possède pas l'instruction que doit avoir un voyageur.

Quant à moi, empêché par l'excès de la dépense d'entreprendre une expédition sur le fleuve Blue, après que j'aurai terminé mon travail actuel, ce qui sera l'affaire de six semaines, et après que les pluies auront cessé, je me bornerai à explorer les rives du Nil Bleu au delà de Fazoql et ses affluents méridionaux aussi loin que je pourrai pousser. Cailliaud et Russegger ne nous conduisent que jusqu'à Fazoql, Kasan et Doul: le travail du premier, assez peu scientifique, il est vrai, et pauvre en résultats zoologiques, botaniques et météorologiques, est d'un autre côté très-consciencieux et remarquablement exact au point de vue géographique [2]. Le voyage si estimé de Russegger tout en affichant de hautes prétentions scientifiques est incroyablement plein d'erreurs et de négligences. Sa carte d'un autre côté atteste que tout est fait légèrement et sans

aucune espèce d'observation. Car il est impossible, en observant, de faire des erreurs de 20' en latitude ou de se tromper de 50° sur une orientation [1]).

Geographische Notizen über Nubien. — Sie erhalten hier eine kleine Abhandlung über eine interessante neue Affenart für die Leopold-Carolinische Akademie [2]), so wie nachfolgend einige geographische Notizen über Nubien, zu denen ich noch bemerken muss, dass ich auf der Lepsius'schen Karte weitere Correcturen angebracht habe, die später zu Ihrer Verfügung gestellt werden sollen.

Unser der Wissenschaft zum Opfer gefallener Freund v. Beurmann hat in seiner in den „Geogr. Mitth." publicirten Reise von Korosko nach Berber einige Arabische Eigennamen unrichtig geschrieben und gedeutet; es möge mir erlaubt sein, hier ein Paar Worte darüber zu sagen.

Djebel Djarb (Gebel Garb, v. B.) kenne ich nicht, vermuthe aber, dass das Wort Djebel Gharb heissen soll.

„Hugabe el Gamus" würde ich schreiben Huqáb el Djámus: حقب الجَمُوس.

„Bir Gawab" ist Huqáb el Qnáb, حقب انغراب, d. i. der Schutz- oder Schattenfels.

„Bir Murrad el Morra", v. B., ist einfach Bir el Murát, بِبر, الِمُرا. Das auf der Lepsius-Kiepert'schen Karte Wadi Délah benannte Thal trennt die Hügel von Murát vom

---

[1]) Vergl. Hassenstein's Mémoire zur Karte von Inner-Afrika im 2ten Ergänzungsband der „Geogr. Mittheil." (S. 36), wo es heisst: „Es ist zu beklagen, dass diese herrlichen Arbeiten (Russegger's) nicht auch kartographisch besser verarbeitet sind, als es im K. K. Militär-Geographischen Institute zu Wien geschehen ist. Wir können hier nicht weiter auf diesen Gegenstand eingehen, zum Beweise unserer Aussage genügt einfach eine Vergleichung des Berichts über die Reise längs des Blauen Flusses mit der Karte desselben (Karte von Ost-Sudan, südliches Blatt), die äusserst fehlerhaft ist." Die Schuld liegt also nicht an dem hochverdienten Russegger.   A. P.

[2]) Im Juli d. J. brachte ein Geschäftsführer Petherick's aus dem Lande der östlichen Njamjam (7° N. Br.) die schlecht präparirten Felle eines Colobus Querezza und eines diesem ähnlichen Affen, der aber, wie es scheint, einer neuen Art angehört. Herr v. Heuglin beschreibt ein unter dem Namen Colobus diadematus, da über die Stirn von einem Ohr zum anderen ein glänzend schwarzes breite Binde und vor derselben ein röthlich-ockergelbes Orbitalband verläuft. „Die Art lebt paarweis in der Waldregion auf Hochbäumen in Gegenden, in welchen auch Colobus Querezza vorkommt. Die letztere wurde meines Wissens bis jetzt gefunden in den Abessinischen Tiefländern Wochni, Kuetschoho, Wolkait, Tugadé, Kolla Wogara, Sarayo, Agumeder, Djamjam, Dumot, in Sehna, am oberen Sobat, im Lande der Berri (5° N. Br.), jenseit des oberen Djur, bei den Njamjam und in Mandar, Standort 7- bis 5000 Fuss Meereshöhe. Höchst wahrscheinlich ist er auch in den Gebirgen südlich vom Fazoql zu Hause.

„Ich habe in meinen Reiseberichten erwähnt, dass im Innern der Njamjam-Länder, namentlich an den Ufern der zum dort in's West zu Nord abfliessenden grossen Ströme ein dem Gorilla ähnlicher Affe vorkomme, welcher in kleinen Gesellschaften auf dicht belaubten Hochbäumen haust und auf ihnen sehr grosse bedeckte Nester baut. Es ist mir ein Balg und ein lebender junger M'bán — von der Landestname des Thieres — zugesagt und beide sind bereits auf der Reise zwischen Bahr el ghasál und Chartum; ich hoffe somit bald Gelegenheit zu haben, der hohen Akademie Näheres über dieses der Beschreibung nach eben so niedliche als graziöse Geschöpf mittheilen zu können. Eben so muss ich für spätere Zeit die Vorlage eines allgemeinen Verzeichnisses der zahlreichen Vierhänder Nordost-Afrika's verschieben."

---

[1]) In dieser Beziehung that v. Prayssenaer Speke wenigstens Unrecht. Leider ist auf dem Kontinent Blyth's Arbeit über Speke's äusserst interessante zoologische Entdeckungen im Asiat. Journal von Bengalen sehr wenig bekannt.   v. H.

[2]) Auch ich kann nach vielen Erfahrungen Cailliaud's geographischen Arbeiten nur Beifall und Achtung zollen.   v. H.

Djebel Reft, ist also südlich von letzterem Gebirge zu ver-
legen. Die richtige Schreibart ist Wádi Deláḥ = واحد حلاي.
„Hugabe Magdud" Beurmann's ist Djebel el Maqdud —
جبل المعقدود.
„Ahura Wakib" = Abu Rauákib, ابو اروا كيب.
„Abu Seha" = Abu Seḥa, ابو اسحى und nicht سيحى, v. B.
„El Mucheyref" = El Mochéref, المخيرف.
Die von Holroyd im Jahr 1836 bereiste Strecke zwischen
Mochéref und Nuri wird von Karawanen gewöhnlich in 5 Tage-
märschen traversirt. Der Ausgangspunkt vis-à-vis von
Berber ist Qóbosch, قبش, nicht Qubuschi, Leps. — Djebel
Korrobi ist Djebel Kurbei, كربي. — Der Brunnen etwas
westlich vom Djebel el Sáfra heisst Abu Cherít, ابو خريت. —
Bir Sarniah, Leps., ist Bir Sáni, بير سافى.
Die Ruinen von El Káb (Nakis) in Dar Monásir sind
nicht auf dem Gebirge gelegen (s. Lepsins-Kiepert), sondern so hart am Nil, dass das Wasser das einzige Thor
der massiven Tempelmauer, das nach dem Flusse gerichtet ist, bespült. Aden Ammám, Leps., vis-à-vis von El Káb
(ادب) kenne ich nicht. Es ist dort auf Ruinenresten
eine kleine Ortschaft El Kewéb, الكويب. — Selmi, Leps.,
unter 19° N. Br. und 30° Ö. L. ist Selemah, die Residenz
des Scheich von Wadi Qamer (Gemer, Leps.).
Auf der Route von Abu Hedjl (ابو حجل, „Egli" Leps.,
der Ort heisst El Kodik, der Scheich dagegen Abu Hedjl)
nach Wadi Arqu (nicht Argu) ist etwa auf dem ersten
Drittel des Weges der Brunnen Abu Djórab, von dem aus
ein frequenterer Weg nach dem oben erwähnten Bir Sáni
führt.
Die Mündung des Wadi Arqu dürfte wohl um 1 bis 2 Meilen mehr stromabwärts fallen, namentlich bezüglich der
Lage zu Djebel Kirbeqán.
Zwischen Wadi Qamer und Djesíret Délqo (Dalqa, Leps.),
wenig westlich von Kirbeqán liegt im Strom die hohe
Felsinsel Boni, بوني, mit sehr weitläufiger, in den Fluss
mündender Höhle, in die man, da keine Barken in jener
Gegend sind, nur schwimmend gelangen kann. Der Ort
ist so weitläufig, dass sich zu verschiedenen Zeiten die
Araber von Dar Monásir mit Weib und Kind und Vieh-
heerden dahin als sichersten Zufluchtsort vor den Steuern
eintreibenden Soldaten geflüchtet haben. Diese Höhle soll

grösstentheils künstlich aus dem Fels gearbeitet sein, zahlreiche, regelmässig getrennte Zimmer oder Wohnungen mit
glatten Wänden und Inschriften oder Zeichnungen enthalten und ist nach der Tradition von Christen gebaut worden. Der Eingang, der vom Wadi Arqu aus sichtbar ist,
scheint übrigens auf eine natürliche Grotte zu deuten, die
vielleicht im Innern durch Menschenhände verändert und
zu gewissen Zwecken eingerichtet worden ist.
In N. 39° W. von Berber (Mochéref), auf wohl 12 Meilen Entfernung erhebt sich ein nicht unbeträchtlicher Ta-
felberg, „Djebel Nóehara" oder „Djebel Qisera" genannt,
an den sich in SO. ein langes, ganz plattes Felsgebirge
anlehnt, welches sich ungefähr in westöstlicher Richtung
aus dem Innern bis hart an den Fluss hinzieht. An seinem Fuss sollen sich schöne massive alte Baureste, Höhlen
u. s. w. finden. Ich habe hier in Berber Gesteinsproben
von dort gesehen, die nicht selten als Mühlsteine hier
eingeführt werden. Es ist ein dichter, sehr feinkörniger
Basalt von schiefergrau-schwärzlicher Farbe mit sparsamen
kleineren Blasenräumen, die entweder nur einen feinen An-
flug eines weissen Minerals auf ihrer Oberfläche enthalten
oder theils mit Nadeln von Zeolith erfüllt sind, auch zeigen sich kurze glasglänzende Krystalle, die näher zu bestimmen mir selbst mit der Lupe nicht gelungen ist. Der
Olivin scheint gänzlich vertreten durch glimmerartige Blättchen eines Bronzit-ähnlichen Kuphonspathes. Weiter in
WNW. gegen die Brunnen von Sáni hin findet man noch
neuere Produkte vulkanischer Thätigkeit, Gerölle und zum
porösen trachytischen Laven, deren meist nur stecknadel-
kopfgrosse zahlreiche Blasenräume gewöhnlich leer sind.
Die Araber bedienen sich dieser Rollstücke zum Reinigen
und Abreiben der rauh gewordenen Haut der Fusssohlen
im Bade — eine zarte Ausgabe von Badeschwamm!
Ich gebe Ihnen diese geologische Notiz, weil ich wenigstens bis jetzt keine Idee vom Vorkommen vulkanischer
Produkte in dieser Gegend hatte, die ich allerdings nie
anders als auf raschem Dromedar durchflogen habe.
Ich lasse hier eine Aufzählung der Ortschaften und
grösseren Inseln des Nil zwischen Abu Hámed und Birti
(Westgrenze von Dar Monásir) folgen.

Rechtes Ufer.	Insel Moqrát, جزيرة مقرات	Linkes Ufer.
		Hellet Kaditah, حلد كديتة
		Hellet Abu Sedír, ابو سدر
Meschra el Djemésah, مشرع الجميزة		H. el Schamchineh, الشمشنة
		H. el Solimanieh, اسليمانية
حلد الدب, Hellet el Káb,		H. el Kuéb, الكوب
hier Ruinen der alten Stadt Nakis? hart am Nil.		

Rechtes Ufer.

ابو رميلد, Hellet Abu Ramîlah

أر كراع, Hellet el Kerä

خور حبيب, Chor Habíb

العمارين, H. el Àmarín

كويب ربدابي, Kueb-ridábi.
(Drei Ruinenhaufen mit Inschriften u. s. w.)

ابو سيال, H. Abu Seál

جبل منبى, H. Djebel Menai

حوش حبرون, Husch Hebrón

Aufzählung der Ortschaften längs des Ostufers des Nil zwischen el Mochéref und Schendi: El Mochéref, Goz [1] el Fundj („Fanich" Burckh.), el Mukulab, el Selem, Dar Máli, el Sidr, el Kenur, Fadlab (= Rehamab der Karten), el Dáchleh, dann der Moqrén (Atbara der Karten), el Äkad, el Dámer, el Sealeh, el Dobaráb, el Hasaíeh, Djesiret Djenoqabíeh, Hellet el Hsuíeh, el Äliab, Qabáto, Tabora, Abu Djenah, Saqádi, Akarid, Motmár, Adéqah, Djebel Om Äli (die Qabîleh um Djebel Om Äli heisst Ömaráb, عمراب, und nicht der benachbarte Berg, der wie das daran liegende Dorf Om Äli genannt wird), Bedjerauíeh, Qabuschíeh, el Hewáwa, el Seálah, Schech Suradj, el Terádjmeh, el Moskodáb, Djesiret Sardíeh, Museíáb, Hellet el Scheqálu, Schendi.

Die Äliab und Mekabaráb sind Djälin-Stämme, die südlich von Moqrén beido Seiten des Flusses bewohnen.

Ortschaften auf der Karawanenstrasse zwischen Mochéref und Abu Hámed (Ostufer): El Mochéref, el Reqaqís, el Dika, el Menétra, el Meaíuifah, Husch el Dar, el Qedauáb, el Harábah, el Chor, el Serafíl, el Eseráb, el Hasa, el Danqél, Hafab, Feréfieh, Ábidíeh, Woad el Schech, Qenenéta; von hier verlässt man den Fluss, um Äqabat el Asint zu passiren; dann Domat el Dul am Fluss. — Dann Äqabat el Homár (westlich davon die grosse Katarakte Wadi el Homár), Baqér (am Fluss), Äqabat el Scheríq, Dorf Scheríq am Fluss, Wadi Amór (nicht „'Amúr" Leps.), Abu Haschim am Fluss, dann die Station Qéqi in der Wüsto, Kuduruáb am Fluss, Abu Hámed. — Eine Viertelstunde nordöstlich ist eine weisse Felswand Morua, d. i. „die Weisse". Wadi Amór ist ein grosses, bis zum Rothen Meer gehendes Querthal sein.

Orthographie von Eigennamen: Korosko kann nicht Qorosqo geschrieben werden, wie auf ihrer Karte.

Moqren, مقن ist bestimmt der übliche Name für A'tbarah (أتبرا). Atbarah ist der Name eines Dorfes und

[1] Ich umschreibe den Arabischen Buchstaben ز mit s.

Insel Qanabít, القنبيت

Insel Schäri, شعرى
  „ Kedr, كدر
  „ Scharri, شرى
  „ Sur, سور
  „ Os, أوس
  „ Boni (Ruinen), بونى
  „ Dirbi, دربى
  „ Birti.

Distriktes, daher die Benennung Bahr el Atbarah, der Fluss (des Distriktes) von Atbarah.

Ich erinnere mich, gelesen zu haben, dass die Arabische Benennung des Weissen Flusses, „Bahr abiad", von dem Arabischen „Àbid", Plur. von عبد, Sklave, oder gar vom Stammwort بعبد = beïd abgeleitet werden könne; die Arabische Orthographie الأبيض البحر beweist unumstösslich das Gegentheil, ein ع kann nie in ein ا (A'lif) verwandelt werden, so wenig als ى in د.

Die den Arabischen Eigennamen so häufig vorgesetzten Bezeichnungen für Steppe, Wüste, Wildniss u. s. w. sind: El Qöz: القز, El Chalá: الخلا (gsla nach Leps. Schreibart), El Qábah: القبة, El Äqabah: العقبة, El Átmur: العتمر, El Chor: الخور, El Maschrä: المشرع, El Djezíreh: الجزيرة.

Linkes Ufer.

H. el Hibah, الحيبة

H. Kúbneh, كبنة

H. Asmeh, عصمة

H. el Selemat (Residenz des Schech Námán Ebn el Schech Woad Qamer), السلمات

H. el Schelál, الشلال

H. el Kirbekán, الكربدن

Meschra el bil, مشرع البل

Kenisset Birti (Ruinen), برتى كنيسة

Den 9. August 1864.

Neue Verzögerung. Getreidemangel. — Sie erhalten nochmals Briefe aus Berber von mir und ich bin heute noch nicht im Stande, Ihnen zu sagen, wann es möglich sein wird, von hier abzureisen. In Folge verschiedener echt Türkischer Regierungsmaassregeln sind die meisten Araber in den Bergen, wo wegen des Haríf (Regenzeit) jetzt überall schöne Weide grünt, und es ist selbst mit Hülfe der Lokalregierung, die allerdings auf die flüchtigen Kameeltreiber wenig Einfluss ausüben kann, für den Augenblick noch keine bestimmte Aussicht vorhanden, Lastthiere selbst um hohe Preise zu erlangen. Hier in Berber herrscht fast noch grössere Hungersnoth als in Chartum und wir haben deshalb von dort Durrah bestellen müssen, den mir laut meiner Firmane die hiesige Mudírich hätte liefern sollen. Aber gerade der spezielle Befehl an die verschiedenen Behörden des Sudan Betreffs der Beischaffung von Kameelen und allem zur Reise Nöthigen ist auf dem Französischen Konsulat in Chartum abhanden gekommen und ohne eine solche ausdrückliche Ordre, wie sie Saïd Bascha für uns ausstellen liess, giebt die Regierung in diesen Zeiten der Noth Nichts aus ihren Magazinen ab.

Untersuchung wegen Sklavenhandels. — Ich habe dieser Tage einem sonderbaren Verhöre assistirt. Ich schrieb Ihnen schon früher, dass Konsul Petherick mit dem General-Gouvernement in Chartum in Prozess ist, weil er seine Barken für den Weissen Fluss wegen neuer, den Verkehr erschwerender und nicht rechtzeitig publicirter Regierungsmaassregeln im vorigen Herbst nicht abgehen lassen konnte. Die Lokal-Regierung wüthet, nachdem sie ihren Unterthanen so lange Zeit mit dem schönsten Beispiel vorangegangen, gegen den Sklavenhandel auf dem Bahr el ábiad, der indess hier überall nach wie vor betrieben wird. Der General-Gouverneur, der seit längerer Zeit im schlechtesten Einvernehmen mit den Europäern steht, sucht nun um jeden Preis den Beweis zu liefern, dass während der letzten Saison für die Reisen auf dem Bahr el ábiad Petherick, die Gebrüder Poncet und die Österreichischen Unterthanen Ibrahim Bas und Klančnick (bei Letzterem sind wirklich 132 Sklaven gefunden worden, zu deren Einschiffung er angeblich von seinen Soldaten und Matrosen genöthigt worden sein will) und Andere ihren Handels-Expeditionen Auftrag gegeben hätten, Sklaven einzukaufen oder einzufangen, um dann den Nutzen gemeinschaftlich zu theilen. Zu diesem Zweck wurden die Geschäftsführer und zum Theil die Schiffsmannschaft ohne weitere Anzeige an ihre Brodherren von Soldaten des Divan eingefangen und eingekerkert. Nachdem man diesen Leuten im Kerker Zeit genug zum Nachdenken gelassen, begann endlich das vom Gouverneur selbst geleitete Verhör. Keiner der Verdächtigen gestand eine Theilnahme der genannten Kaufleute zu; ärgerlich hierüber liess der Präsident dieser Inquisition jedem der Befragten eine gehörige Quantität Peitschenhiebe aufzählen, dann einen grossen Ziegelstein in das Gelenk zwischen Vorder- und Oberarm schnüren und ihn 6 Stunden der Mittagssonne aussetzen. Fünf Tage lang wurden die Leute auf diese Art gefoltert und erhielten alltäglich noch einige Dutzend Peitschenhiebe. Am sechsten Tag wurde der Elephantenjäger Petherick's, unser direkter Berichterstatter, nochmals vor den Bascha geführt und ihm dort erklärt, man werde sofort 5 Arnauten kommandiren, die auf die bei dieser Barbarentruppe übliche Art und Weise mit ihm zu verfahren hätten, wenn er nicht gestehe. Der unglückliche Jäger schwor, dass die Wahrheit gesagt zu haben und von seinem Herrn nur unter der Bedingung engagirt worden zu sein, dass er in keiner Weise und nicht einmal für seine eigene Person den geringsten Antheil an Sklavenhandel nehme, da man ihn aber auf diese Art bedrohe, ziehe er es vor, das Leben zu verlieren. Der Bascha sah endlich ein, dass mit diesem verstockten Sünder Nichts anzurichten sei, spuckte ihm ins Gesicht und liess ihn zur Thüre hinauswerfen.

Regierungsbeamte als Sklavenhändler. — Trotz dieses Eifers, den Sklavenhandel zu unterdrücken, bemächtigt sich — wie ich Ihnen früher schon berichtet — die Regierung überall tüchtiger Schwarzer, die unter das Militär gesteckt werden, und weiblicher Individuen, um für die Truppen Korn zu reiben u. s. w. Vor circa 10 Tagen langte hier ein mit Schwarzen beladenes Schiff an und mit demselben der Bruder des Amerikanischen Konsuls von Chartum so wie ein Vertrauter und Diener des General-Gouverneurs von Sudan. Wir erfuhren aus sicheren Quellen, dass die 21 Sklaven (15 Mädchen und 6 Jungen) Eigenthum des Bascha seien, und Fräulein Tinne, Petherick und ich verfassten eine Anzeige hiervon mit allen nöthigen Details, die ich selbst dem Vice-Gouverneur der Mudiríeh-Berber, Ser-Saúri Mustafa Agha, übergab, mit dem Ersuchen, der Letztere solle — nachdem er das Factum nicht in Abrede gestellt — die Sklaven wegnehmen und ihnen die Freiheit geben, da schon vor 3 Jahren die Sklaverei vollkommen abgeschafft und neuerdings die Aufrechthaltung dieses Gesetzes durch Ismaïl Bascha den Behörden des Sudan anempfohlen worden sei. Der Agha wollte mir unser Kollektivschreiben wieder zurückgeben, bat, ihn nicht in Verlegenheit zu bringen, und erklärte mir, — was auch sein Schreiber bestätigte — dass er den ausdrücklichen Befehl seines Vorgesetzten, des General-Gouverneurs von Chartum, habe, dessen Leute (also auch die Sklaven) frei passiren zu lassen und ihnen allen möglichen Vorschub zu leisten. Daraus erhellt, dass das Sklavengesetz nur da in Ausführung gebracht wird, wo es eben zufällig einem Türkischen Beamten gefällt. Petherick und Frl. Tinne werden Abschriften von unserer erwähnten Eingabe an die hiesige Mudiríeh an das Französische, Englische und Niederländische General-Konsulat einsenden und haben auch den Französischen Konsul Thibaut in Chartum hiervon in Kenntniss gesetzt. Das Resultat unserer Schritte soll Ihnen später mitgetheilt werden [1].

Übrigens sind die General-Konsulate in Ägypten in Sachen des Sklavenraubes und Sklavenhandels auch sehr schlaff. So liess ich im J. 1855 einem Griechen Namens Manoli etwa 15 Abessinische Sklavinnen, die er unter Österreichischer Flagge nach Kairo transportirte, abnehmen. Der Transport wurde in Kairo aufgehoben, Manoli, obgleich er einen Österreichischen Pass hatte, war plötzlich Türkischer Unterthan und die Sklavinnen wurden Ägyptischen Soldaten überlassen. Manoli, der, glaube ich, ganz unbestraft ausging, ist nun in Chartum wieder Österreichischer Protegirter; ich begegnete unserm Djebel Denka einem seiner

---

[1] In einem späteren Brief erwähnt Herr v. Heuglin: „Die 21 Sklaven des Bascha sollen nach Berber zurückbeordert sein."

Schiffe in Gesellschaft der übrigen Sklavenhändler und höre, dass die Regierung ein solches mit Negern befrachtetes jetzt gekapert hat. In den letzten Monaten hatten sich einige Sklaven in die katholische Mission zu Chartum geflüchtet, mussten jedoch auf Befehl des Österreichischen General-Konsulats in Ägypten auf offiziellem Wege den Eigenthümern (!) zurückerstattet werden, wie mir der Vorstand der Mission selbst erzählte. Der Amerikanische Vice-Konsul in Chartum und einige Koptische Konsular-Agenten in Qeneh und Esneh sind sogar wegen Sklavenhandels ihrer Stellung entsetzt worden.

Sultan Nasr von Téqéleh. — Vor wenigen Tagen kam Sultan Nasr von Téqéleh hier an und wird heute nach Kairo abreisen, von wannen er wohl nicht mehr wiederkommen wird. Man scheint dort begierig zu sein den Mann zu sehen, der über 20 Jahre lang den Türken Widerstand geleistet und mehr als Eine Armee des Vice-Königs total vernichtet hat.

Der Nilstand ist noch immer gering, es wird kaum ein mittlerer werden. Vom 23. bis 29. Juli sind um Chartum sehr starke Regen gefallen, auch in der Umgegend von Berber gewitterte es stark zu Anfang des laufenden Monats und der Fluss stieg 5 bis 6 Tage lang sehr namhaft, ist jedoch seit dem 4. August wohl um 1½ Fuss zurückgegangen [1]). Die Südwinde haben sich in Berber noch nicht vollkommen etablirt, es herrscht grosse Hitze (gewöhnlich 32 bis 33° R. über Mittag bis 4 Uhr Abends, bei Sonnenaufgang niemals unter 23° R. beobachtet), oft eine drückende Staub-Atmosphäre, aber die Nächte sind kühl.

Den 12. August.

Grosser Sklaven-Transport vom Bahr el ábiad. — Heute traf eine Barke mit Durrah und Briefen von Chartum für uns ein. Vor etwa 8 Tagen war ein gewisser Ömer Effendi, der Kommandant der Schiffspolizei auf dem Bahr el ábiad, mit etwa 12 weiteren gekaperten Schiffen nach Chartum zurückgekehrt, auf denen nicht weniger als 1700 Sklaven vorgefunden worden sind, die, anstatt in ihr Vaterland gebracht zu werden, nach Chartum geschleppt wurden. Ich habe sehr spezielle Berichte hierüber. Auf 2 Transportschiffen (Arabisch: Néqér) des Syriers Chalil Schami [2]), der Österreichischer Protegirter und mit einem Österreichischen Pass versehen ist, befanden sich nicht weniger als 700 Schwarze jedes Alters und Geschlechts, buchstäblich zusammengepackt wie Häringe, fast ohne alle Nahrung und

oft in einer Stellung und Lage, in der sie sich viele Tage lang nicht rühren konnten, weshalb sehr viele dieser armen Geschöpfe theilweis schon verwachsen und gelähmt sind. Auf dem Stern jedes dieser 2 Sklavenschiffe war die Englische Flagge aufgehisst, da Chalil Schami vor Zeiten Wekil des Englischen Konsuls Petherick war, während welcher Zeit er nach hiesigem Brauch (richtiger Missbrauch) berechtigt war, unter Englischen Farben zu segeln. Trotz des Vertrauens, das Petherick diesem Syrischen Wucherer schenkte, hat er vor 2 Jahren, während der Abwesenheit des Letzteren, mit anderen Sklavenhändlern und Protektoren dieses schönen Gewerbes eine Klage gegen denselben mit verfasst, welche die gemeinsten, nur solcher Schurken von Autoren würdigen Verleumdungen gegen Petherick enthielt. Der einzige wirkliche Engländer, der derzeit in Chartum ansässig ist, Mr. Joyce, und der Französische Konsul Thibaut liessen, als sie Kunde davon erhalten hatten, dass Chalil's Sklavenschiffe die Englische Flagge führten, dieselbe sogleich abnehmen. Alle diese Negriers sind mit all' ihrem Inhalt sequestrirt. Die Sklaven, die unter Europäischen Nationalflaggen eingeführt wurden, sollten nach unseren Gesetzen natürlich sogleich in Freiheit gesetzt werden, damit scheint jedoch die Lokal-Regierung gar nicht einverstanden, sie erklärt und behandelt die Neger als ihr Eigenthum und steckt alle Tauglichen unter das Militär.

Zustände in Abessinien. — Mit dem von Chartum uns zugeschickten Schiffe traf auch einer der Deutsch-Englischen Missionäre von Qalabat hier ein, der nach Ägypten zurückkehrt. Nach seinen Aussagen sind die Verhältnisse der Europäer in Abessinien immer noch nicht sehr erbaulicher Natur. Der Englische Konsul Cameron ist noch Gefangener, so wie mehrere der Missionäre, die übrigen Europäer sollen fast ohne Ausnahme nach Gaffat konsignirt sein, wo sie unter strengster Aufsicht stehen [1]); Mehrere waren lange in Ketten und wurden sogar gepeitscht und gefoltert. Den Anlass zu dieser Behandlung von Seiten des Negus Theodor gaben die Herren Stern und Rosenthal selbst durch unkluges Benehmen gegen den König, dessen Gäste sie waren und über dessen niedrige Abkunft und Grausamkeit sie sich öfter geäussert haben sollen. Auch hatte Negus Theodor erfahren, dass diese Herren missliebige und ungünstige Berichte über ihn nach Europa gesandt, er liess daher ihre Korrespondenz auffangen und ihre Papiere untersuchen und mit Beschlag belegen. Konsul Cameron hat sich, wie man sagt, Sr. Majestät Ungnade dadurch zugezogen, dass er, des langen, nicht eben freiwilligen Aufenthaltes im Hoflager müde und in der Absicht, sich so schnell

---

[1]) Am 9. August Abends begann er wieder beträchtlich zu steigen, ging aber bald wieder etwas zurück bis zum 15/16. August, wo er in 12 Stunden um 2 Fuss zunahm, wie ich glaube, in Folge vom starkem Anschwellen des Atbara, denn der Fluss führte eine Menge Dum-Palmenstämme mit, die den Nil aufwärts seltener sind.
[2]) Ich habe in meinen früheren Berichten schon öfter Gelegenheit gehabt, dieses Ehrenmannes zu erwähnen.

[1]) In Folge eines Schreibens der Königin von England an Negus Theodor hat derselbe den Konsul Cameron und die Missionäre ihrer Haft entlassen. A. P.

als möglich auf seinen Posten in Massaua zurückzubegeben, eine Frist für seine Abreise stellte, was Nichts weniger als Abessinische Hofsitte ist.

Im Reiche des Königs der Könige (Negus Negesta) von Äthiopien herrscht übrigens auch grosse Theuerung und es wird sogar von Qalabat Getreide nach dem fruchtbaren und reichen Dembea eingeführt. Der Schefta, d. h. Rebell, Tadla Quálu, dessen Armee gegen 15.000 Mann im Kampf mit König Theodor verloren haben soll, herrscht noch auf seiner uneinnehmbaren Bergfeste in Godjam. In Kolla Woggara bis gegen Wolkait hin haust ein anderer Aufständischer, eben so haben mehrere unbedeutendere Schilderhebungen in Tigreh Statt gefunden.

Belambaras Qilmo, der Festungs-Kommandant von Tschelga, ist in Ungnade gefallen und in Fesseln gelegt. Ob er gegen den König konspirirt hat, soll nicht erwiesen sein, es ist aber positiv, dass dieser energische Gamant immense Vorräthe und Waffendépôts auf seinen Festungen aufgehäuft hatte, so wie sehr reiche Schätze, Grund genug, um im Orient einen Kapital-Prozess auf den Hals zu bekommen. Übrigens kann ich dem Genie des Negus Theodor immer nur Bewunderung zollen. Er hat nunmehr 12 Jahre hindurch unermüdet das zerrissene Äthiopische Reich unter Einem Scepter zu vereinigen und zu erhalten gewusst, trotz der ewigen bürgerlichen Unruhen und nie endender offener Kriege gegen mächtige Rebellen, die an allen Ecken und Enden Abessiniens aufstehen und sogar in der nächsten Nähe der Residenzstadt, wie neuestens in Semién, Schilderhebungen veranlassen.

Am Brunnen Abu Dáqar, den 7. September.

Wir haben hier und in Berber so sehr viel Aufenthalt gehabt und sitzen nun hier am Brunnen Abu Dáqar seit 7 Tagen, ohne die nöthigen Kameele für die Weiterreise nach Sauakin auftreiben zu können. Ich werde zuvörderst die Route sehr genau aufzunehmen versuchen. Die Regenzeit ist noch nicht vorüber, äussert sich aber hier mehr durch Orkane und Staubregen.

Sauakin, den 19. Oktober.

Arbeiten über das Gebiet zwischen Nil und Rothem Meer. — Bei unserer Ankunft hier fanden wir 2 Midjidieh- (jetzt Asisieh-) Dampfer bereit zur Abfahrt nach Snez, aber keine meiner Arbeiten war damals beendet, weshalb ich es auch unterliess, Ihnen unsere glückliche Ankunft am Rothen Meere zu melden. Ich bin vielleicht genöthigt, meine Arbeiten in Afrika für einige Zeit einzustellen; um so mehr freut es mich, Ihnen jetzt einige Karten und Berichte als Schlussstein zu der Karte Nord-Ost-Afrika's und der vielseitigen Forschungen der durch unsere Landsleute so viel angefeindeten Expedition einsenden zu können, die mit der kleinen Summe von vielleicht 25.000 Thlr. im Verlauf

von vier Jahren doch so viel zu Stande gebracht hat, dass sich die Unternehmer ihrer nicht zu schämen haben. Mögen auch die von den ersten Autoritäten der Wissenschaft den Arbeiten der Expedition — die allerdings noch lange nicht zu vollständiger Publikation gelangen werden — gespendeten günstigen Urtheile in für die Autoren zu schmeichelhafte Formen gekleidet sein, in Bezug auf Geographie wird ein Blick auf die neue Karte zwischen dem Rothen Meer, Djamma Galla und Dar Fertit schon hinreichend darthun, dass trotz vieler schwieriger Verhältnisse geleistet worden ist, was nur möglich war. Sie erhalten beifolgend:

1. Karte der Route zwischen Berber und Sauakin.
2. Winkelmessungen längs dieser Route.
3. Bemerkungen zu v. Beurmann's Bericht über seine Reise von Berber nach Sauakin.
4. Bericht über unsere Reise von Berber nach Sauakin.
5. Profil der Route zwischen Berber und Sauakin.
6. Ornithologischer Bericht an Dr. Hartlaub.
7. Karte des Küstenlandes am Rothen Meer zwischen Sauakin und Massaua nebst einem Theil von Beni-Ämer und Habáb.
8. Bericht über die Karawanenstrasse von Sauakin nach Massaua, Aufzählung der Beni-Ämer-Stämme an der Küste, Revision des Itinerars des Oberst-Lieutenant Saleh Effendi, Verzeichniss der Küstenorte, Regenbetten, Gebirge u. s. w., Dépositionen der Eingebornen von Adómana über das Flusssystem des Landes der Beni-Ämer (Barka und Ansaba).
9. Karte der Beni-Ämer nach Lejean.
10. Hafenplan von Sauakin.
11. Karte des Küstenlandes zwischen Sauakin und Dabadéb.
12. Bericht zur Reise von Sauakin nach Dabadéb mit den betreffenden Winkelmessungen, Breitenbestimmungen u. s. w.
13. Eine Reihe von Beobachtungen zur Bestimmung der Deklination der Magnetnadel.
14. Arabisches Verzeichniss der Hafenplätze, Gebirge u. s. w. zwischen Massaua und Ras Kauai nebst Transkription und geographischen Notizen [1].

Mit diesen Arbeiten halte ich die Frage über das Flussgebiet des Ansaba und Barka für vollkommen erledigt, eben so wie durch frühere Berichte, verbunden mit Munzinger's Arbeiten, die des Atbara, Mareb, Setit und Bahr

[1] Diese Arbeiten werden später in den gewöhnlichen Heften der „Geographischen Mittheilungen" zur Publikation kommen, namentlich können die Berichte über die Reise von Berber nach Sauakin und von Sauakin nach Dabadéb, obwohl sie ihrem Inhalt nach hierher gehören, jetzt noch nicht beigefügt werden, weil Herr v. Heuglin erst nach seiner Rückkehr gemeinschaftlich mit uns die letzte Hand an die zugehörigen Karten zu legen wünscht. Nur der ornithologische Bericht an Herrn Dr. Hartlaub ist für den dritten Abschnitt (im Anhang II. benutzt worden. A. P.

4 *

Salám erledigt wurde. Im Einzelnen bleibt natürlich noch unendlich viel zu thun. Ich hätte gern noch ein Paar hundert Thaler geopfert zur Ausführung einer Reise von Aqíq nach Zaga, der nicht die geringsten Hindernisse im Wege stehen, aber über so viel Zeit kann ich unter obwaltenden Umständen mit dem besten Willen nicht disponiren. Was die Reiseroute von Berber nach Sauakin anbetrifft, so werden die hier trigonometrisch festgestellten Punkte eine vollständig sichere Basis zur Kenntniss dieser terra incognita unserer Karten abgeben. M. v. Beurmann's Beschreibung ist in geographischer Beziehung unzureichend [1]), was die Vegetations - Verhältnisse anbelangt, grundfalsch. Ich bin leider auch in der Botanik nichts weniger als stark, aber ich zweifle nicht, dass die mit grösster Gewissenhaftigkeit verzeichneten Entfernungen der Stationen und die geodätischen Messungen ein günstiges Resultat für die Strecke zwischen den beiden astronomisch ziemlich sicher bestimmten Endpunkten ergeben müssen.

Neuigkeiten vom Rothen Meere kann ich Ihnen nicht viel mittheilen. In Sauakin traf ich einen in Djedda etablirten Italiener, Gasparoli, der vor 5 Monaten in Massaua, Keren und Debra Sála war. Er hat, da Debra Sála keinen rechtmässigen Besitzer haben soll, dort die Italienische Tricolore aufgepflanzt und über die Besitznahme einen Akt auf den Missionsstationen Keren und M'Kullu deponirt. Vorläufig beabsichtigt er, in Tóker Bodenkultur zu treiben.

Monsignor Bianchéri ist gegen Mitte Septembers in M'Kullu gestorben und P. del Monti versieht vorläufig seine Funktionen. P. Stella soll seines Amtes enthoben oder besser suspendirt sein, weil er auf vielfache Aufforderungen hin keine Berichte über den Stand der Mission in Keren einsandte. Er steht jedoch immer in gleichem Ansehen bei den Bogos und ich glaube, er wird eines schönen Tages faktischer Souverain des Landes werden; indess treibt er Ackerbau und Viehzucht. Vor einigen Monaten haben die Abessinier, Leute des Dedj-asmatsch Hailu von Hamesén, einen Raubzug nach den Az Gultán (Ghultán?) westlich von Debra Sála und Maria gemacht und dort viel geplündert und in neuester Zeit hat, wie man uns aus bester Quelle berichtet, der Stellvertreter des General Buisson sich mit Hailu in Verbindung gesetzt und mehrere Punkte, unter anderen wieder Debra Sála, Zad Amba, Schotel und Adarte, in Besitz genommen. Ich glaube, einige Leute des Restes der Gesellschaft sind auch in Keren.

Sauakin wird jetzt ziemlich regelmässig von den Asisíeh-Dampfern besucht. Die Gesellschaft hat 8 Schiffe, von denen mehrere kaum eine eigentliche erste Kajüte, dagegen mehr Raum für Waarentransporte besitzen; so weit ich sie sah,

sind sie schlecht gehalten, schmutzig und dazu erbärmlich schlechte Segler. Die meisten brauchen von Suez bis Djedda 5 Tage, von Sauakin bis Suez 6 bis 7, d. i. eben so viel als die Schiffe der Indischen Kompagnie von Aden nach Suez! Die Preise für Passagiere und Frachten sind verhältnissmässig ungemein hoch (80 Thlr. = 18 Pfd. St. von hier nach Suez für einen Platz erster Klasse, dabei hat der Reisende sich selbst zu beköstigen und auf den Schiffen ist von Provisionen gar Nichts vorhanden). Seit Ausbruch der Viehseuche in Ägypten lässt die Regierung von Taka und den Bedja-Gebirgen eine Menge Ochsen und Schafe nach Sauakin kommen und von da mittelst Dampfbootes nach Suez. Früher liess sich die Dampfschifffahrts - Gesellschaft 10 oder 15 Thlr. für die Überfahrt eines Ochsen bis Suez bezahlen, sie profitirt aber von der jetzigen Theuerung und hat den Frachtpreis auf nicht weniger als 40 Thlr. erhöht.

Ägyptische Truppen — man sagt, 4000 Mann — sind seit längerer Zeit nach Djedda detachirt, angeblich wegen eines Aufstandes der Asir, die Hodeida cernirt hatten. Man sprach im Orient viel von Abtretung des Hedjas an Ägypten, was jedenfalls für beide betheiligte Mächte von grossem Vortheil wäre und gewiss auch zur Hebung des Handels und Verkehrs im Allgemeinen beitragen würde.

Die projektirte Eisenbahn nach dem Sudan. — Wie ich Ihnen schon von Berber aus schrieb, liess der Vice-König von Ägypten kürzlich die Routen Berber Korosko, Berber Deraui (alte verlassene Karawanenstrasse) und Berber Sauakin genauer vermessen Behufs der Anlage einer Eisenbahn nach dem Sudan. Unstreitig die günstigste Richtung sowohl Betreffs der Terrain - Verhältnisse als in handelspolitischer Beziehung wäre die zwischen Ost - Sudan und dem Rothen Meere. Sauakin würde wohl immer als Débarcadère gewählt werden müssen, der Hafen ist etwas eng, wäre aber leicht beträchtlich zu erweitern. Schiffsprovisionen finden sich am Platz, aber absolut nöthig wäre es, dass die Pforte das Gebiet an die Ägyptische Regierung abtrete. Die sämmtlichen Revenüen der Provinz betragen jetzt 50.000 Thlr., hiervon müssen die Administrations- Kosten mit mindestens 30,000 Thlr. in Abzug gebracht werden und es verbleiben somit kaum 20.000 Thlr. als Reinertrag. Ob in neuerer Zeit wieder Verhandlungen über die Acquisition Sauakins von Seiten des Vice-Königs eingeleitet worden sind, ist mir unbekannt, eben so der Grund, warum sich die früheren zerschlugen, oder ob Said Bascha selbst darauf verzichtet hat.

Viel länger, aber vielleicht weniger kostspielig wäre wohl eine Eisenbahn zwischen Sauakin und Kassalah und von Kassalah bis Abu Harás am Blauen Nil. Taka ist bekanntlich jetzt schon reich an Produkten, und sobald Mittel vorhanden wären, dieselben schnell und billig zu ex-

---

[1]) Herr v. Heuglin kannte nicht v. Beurmann's Karte seiner Route.
A. P.

portiren, würde vorzüglich die Agrikultur, die derzeit noch in sehr primitivem Zustand ist, enorm gehoben; das Flachland allein zwischen dem Setit und Tókar wäre im Stande, vielleicht das doppelte Quantum von Baumwolle zu erzeugen als ganz Ägypten, und die Gebirge der Beni-Ámer bieten gewiss eine Menge von Lokalitäten für jede Art tropischer Produkte und es fehlt dort wohl nur an einem tüchtigen Impuls und der Einführung derselben durch Sachverständige. Rindvieh, Pferde und Kameele sind schon in Überfluss vorhanden, aber die Racen bedürfen der Veredlung, eben so die der Schafe und Ziegen, die bis jetzt keine oder nur schlechte Wolle liefern, während schon aus dem benachbarten Abessinien leicht die sogenannten Dowelo-Schafe introducirt werden könnten, die vielleicht nicht eben die feinste, aber wohl die längste Wolle erzeugen. Dass eine Eisenbahn der geeignetste Weg wäre, diese Länder schnell und dauernd zu heben und binnen Kurzem den Bodenwerth wohl um 1000 Prozent zu erhöhen, das ist meine feste Überzeugung.

Sauakin oder noch besser Bahdúr oder der Golf von Bakiai müsste aber immer der Stapelplatz für den Export • der Landesprodukte werden; die zwei letztgenannten Orte sind die besten Hafenplätze des Rothen Meeres, wo sich überdiess bessere und billigere Schiffsprovisionen und vortreffliches Trinkwasser in Menge finden, auch sind dieselben in Bezug auf Salubrität und wegen der unmittelbaren Nähe des schönen luftigen Fidfidjo-Gebirges sehr empfehlenswerth. Was die Verbindung mit dem Inneren anbelangt, so sind Bahdúr und die Bakiai-Bai (Port Mornington der Karten) nur 1½ Tagereisen von Tókar entfernt und an der sehr bequemen Strasse sind viele Brunnen. Ob eine solche von Áqiq aus quer durch die Beni-Ámer zum Barka führe, bezweifle ich, es muss wohl immer das Täbíñ- oder Haschkoh-Gebirge passirt werden; als eine sehr bequeme Route wird die Darb Koréb benannte zwischen Tókar, dem Chor Schébat und dem oberen Barka (Zaga) gerühmt, diejenige zwischen Áqiq und Massaua wird von Karawanen in 8 Tagen leicht zurückgelegt und um die meisten der zahlreichen Brunnenstationen ist Wasser, Brennholz, Schlachtvieh und Butter in Fülle und zu billigen Preisen zu haben.

Djeddah, den 2. November.

Am 29. Oktober sind wir glücklich hier angelangt. Der Französische Konsul Polissier leistete uns allen möglichen Vorschub, eben so der Englische Konsul, der mittelst Dampfers am 30. Oktober von Suez kam. Er war vor 6 Jahren als Englischer Kommissär auf dem „Cyclops" zum ersten Mal hier, jedoch nur vor dem Hafen, um die Stadt zu bombardiren. Die Bevölkerung scheint gründlich beruhigt und es freute mich ungemein, zu sehen, dass die jetzigen Konsuln die Männer sind, sich gehörig in Respekt zu erhalten. Sie verlangen, wie wir diess auch früher in Chartum in Gebrauch hatten, dass sie vom Militär salutirt werden. Ein neuer General-Gouverneur für Hedjas ist ernannt und wird mit dem nächsten Dampfer von Suez erwartet; auch der Kimakam von Djeddah soll gleichzeitig einen Nachfolger erhalten. 5000 Mann Ägyptischer Truppen sind um Djeddah einquartiert. Mit Lebensmitteln scheint der Platz gut versorgt.

Am 9. Nov. gehe ich nochmals nach Sauakin zurück und von dort am 18. mit dem Dampfboot nach Suez.

Sauakin, den 15. November.

Am 10. Nov. verliess ich Djeddah. Der Englische und Französische Konsul waren so freundlich, uns an Bord des Dampfers „Gladiator" zu begleiten, wo wir nicht eben comfortable einquartiert sind. Am 11. Nov. Nachmittags liefen wir im Hafen von Schech Borghut ein, wo ich noch Winkelmessungen machen konnte, und am Vormittag des 12. Nov. ankerten wir im Golf von Sanakin.

Der Kapitän unseres Dampfers ist ein sehr gebildeter Seemann und wir arbeiten seit 4 bis 5 Tagen tüchtig zusammen, so dass ich im Stande sein werde, Ihnen ein ganz korrektes Verzeichniss aller Ortsnamen des Rothen Meeres, so weit sie Arabischen Ursprungs sind, vorzulegen.

Um Sauakin sind seit 14 Tagen starke Regen gefallen, so dass die ganze Küstenlandschaft für kurze Zeit ihren tristen Charakter verloren hat. Für die Bewohner von Tókar, das jetzt Überfluss an Wasser haben soll, ist diess ein sehr glücklicher Umstand, da die vor einigen Monaten gemachten Aussaaten bis auf den Grund von Heuschrecken zerstört worden waren. Auch in Arabien sollen diese Thiere viel Schaden angerichtet haben und ich glaube, sie sind von dorther auf der Afrikanischen Küste eingefallen. Bei unserer Überfahrt nach Djeddah, auf hoher See, liessen sich Hunderte aus Osten kommend auf unserer Barke nieder, wo Alt und Jung Jagd auf sie veranstaltete und sie nach Entfernung der Extremitäten mit grossem Appetit verspeiste.

Auch in Djeddah hatten wir sehr heftige Gewitter, Stürme und Regengüsse, wie hier meist gegen Morgen oder Vormittags, seltener Abends.

Suez, den 23. November.

Wir sind glücklich, jedoch erst gestern hier eingetroffen, da uns heftige Gegenwinde 3 Tage lang zwischen Fanadír (The Brothers der Karten) und dem Archipel von Djubál festhielten. Mehrere Leuchtthürme sind seit meiner letzten Anwesenheit im Rothen Meere hier errichtet worden, einer auf der Dädalus-Klippe, Arab. Abu el Qezán (nicht Abdul Kesán der neuen Engl. Karte), einer auf der Inselreihe A'schrafah nördlich von Djubál und ein dritter am Gestade von Záfaráneh; vor der Rhede von Suez liegt ein Leuchtschiff.

In Suez selbst sind alle möglichen grossen Arbeiten in
Angriff. Docks werden gebaut und diese mittelst Eisenbahn mit der Stadt verbunden, die sich sehr beträchtlich
erweitert hat. Der Süsswasser-Kanal ist vollendet und bereits liegen Nil-Schiffe an seiner Schleuse bei Suez. Ein
anderes neues Etablissement ist das grossartige Bureau der
Messageries impériales, die Dampfboot-Verbindungen bis
China errichtet haben.

Hoffentlich haben Sie mir die neuen Karten von NO.-
Afrika nach Kairo geschickt, ich wünschte den Vice-König
für eine Expedition zu den Beni-Amer zu interessiren und
glaube, dass ich in Kairo die Mittel habe, eine Reise durch
dieselben zu unternehmen. Übernimmt der Vice-König
die Transportmittel, so sorge ich für den Rest der Ausgaben und engagire noch ein Individuum, um mich bei
astronomischen Ortsbestimmungen zu unterstützen, — das
ist, was ich thun kann. Leider haben wir ärmlichen Deutschen eben keine diplomatischen Vertreter in Ägypten, die
im Nothfall ihre Unterthanen offiziell unterstützen könnten.

Anhang I: Ethnographisches.

Dem vorstehenden Reisebericht lagen Briefe und zoologische Abhandlungen für Herrn Dr. Hartlaub und für die
K. Leopoldinisch-Carolinische Akademie bei, aus denen wir
eben so wie aus den früheren alle Notizen von allgemeine-
rem Interesse, namentlich die auf die geographische Verbreitung der Thiere bezüglichen, im Nachfolgenden ab-
drucken. Zunächst aber erlauben wir uns, einige Stellen
aus dem Briefe an Herrn Geh. Hofrath Dr. Carus, Präsi-
denten der genannten Akademie, mitzutheilen und ein
Vokabular der Dōr-Sprache, das Herr v. Heuglin uns
eingeschickt hat, beizufügen.

Die Njamanjan (Plural von Njamjam) bewohnen ganz
Central-Afrika und sind in NO. begrenzt von den Fertit und
Kredj, weiter in Ost von den Dōr und Djur, welche letztere eine Schilluk-Sprache sprechen, während die Mund-
arten der übrigen genannten Völker sowohl unter sich als
von allen anderen Neger-Sprachen des Bahr el Ábiad vollkommen verschieden sind. Die an den Ufern des Gazellen-
Flusses wohnenden Nuer und Req, welche letztere sich
westwärts bis gegen den grossen Djur-Fluss erstrecken, gehören dem prononcirtesten Neger-Typus an, aber dieser
nimmt vom Djur an auffallend ab und mit Ausnahme der
Stämme der Scheri und Bambiri, die von den Njamanjan
unterworfen sind und unter ihnen wohnen, konnte ich
unter den Kredj, Fertit (theilweis, denn diese sind auch
mit Negern stark vermischt) und Njamanjan keine Spur
von wirklicher Neger-Race entdecken. Alle diese Völkerschaften sind von mittlerer Statur, robust und regelmässig

gebaut, mit starken Waden, wenig verlängerter Ferse. Die
etwas krausen langen Haare werden meist in zahlreiche
Zöpfe geflochten getragen, der Bart ist weit kräftiger als
bei den Negern und die Farbe niemals blauschwarz, sondern olivenbraun und oft lichter als bei den Sudan-Arabern.
Die eigentlichen Njamanjan reissen sich keine Schneidezähne aus, feilen dieselben auch nicht dreieckig zu wie die
Menschenfleisch essenden Scheri und gewisse Fertit-Stämme.
Von einer Spur von Fortsetzung der Rückenwirbelsäule in
eine Art von Schwanzrudiment habe ich nie Etwas entdecken können und Niemand hier will von der Existenz
einer solchen Etwas wissen.

Land und Volk der Njamanjan sind gleich merkwürdig.
Ersteres bildet das Quell-Gebiet des Benue, Djur und Kosanga-Flusses, welche letztere sich in den Gazellen-Fluss
ergiessen. Es enthält viele grössere isolirte Gebirge, Granit
und Thon-Eisenstein, auch einzelne längere Gebirgszüge,
jedoch keinen Centralstock wie Abessinien, Schoa und das
Innere von Sauahel, ist in Folge der langen Regenzeit
(Mai bis Oktober und November) sehr wasserreich und die
Vegetation zeichnet sich aus durch das Vorkommen einer
Unzahl von Öl- und Butterbäumen und mehrerer Arten
von Bananen und Batatas-Arten. Eine Palme, wohl zu
Phoenix gehörig, mit immensen Blattstielen, trägt eine 2
bis 5 Zoll lange gelbe Frucht, ganz ähnlich der Dattel und
ungemein ölreich. Auch fand ich am Djur eine kleine
Phoenix-Art mit wohlschmeckenden Früchten und Borassus
aethiopicus sehr häufig.

Die Denka bewohnen nur die Ufer des mittleren Bahr
el Ábiad, einen kleinen Theil des Sobat und die Gegend
um den Req-See bis gegen den Djur und diese Nation
scheint weit weniger zahlreich als die Schilluk, die sich
westwärts theilweis noch über den Kosanga-Fluss hinaus
erstrecken bis an das Mara-Gebirge und Telqanna.

Die Verhältnisse erlaubten es mir leider nicht, bis zu
dem muthmasslichen Benue, von dem ich kaum 40 Deut-
sche Meilen entfernt war, vorzudringen, obgleich ich eine
solche Reise für sehr leicht ausführbar halte. Ich hielt
mich für verpflichtet, die Gesellschaft, der ich mich einmal
angeschlossen, im Unglück nicht zu verlassen, denn wir
waren durch den Verlust von 4 Europäischen Mitgliedern
(Dr. Steudner, Madame Tinne und 2 Kammerfrauen) heimgesucht worden. Es gereicht mir indess zum Trost, dass
ich die wenige Zeit, die ich zu Arbeiten und Untersuchungen verwenden konnte, nicht unbenutzt vorübergehen liess
und dass ich so glücklich bin, anderen Reisenden eine
Strasse mitten durch Afrika zeigen zu können, deren Ver-
folgung vom grössten Interesse für die Wissenschaft sein
müsste. Ich besitze augenblicklich weder die Mittel noch —
ich gestehe diess offen — den Muth, sogleich wieder nach

dem Inneren aufzubrechen. Vielleicht erhalte ich Nachrichten von Speke, mit dem ich halb und halb übereingekommen bin, eine Expedition nach Westen zu unternehmen. Vorläufig muss ich meine vollständig ruinirte Gesundheit etwas pflegen.

Vokabular der Dör-Sprache.

Ich sende Ihnen hier ein kleines Dör-Vokabular (Bongo-Dialekt). Der Grund, warum dasselbe nicht ausführlicher ist, liegt darin, dass viele Konsonanten und Doppellaute mittelst unserer Alphabete absolut unschreibbar sind und ich zu viele Variationen in der Aussprache finde. Dass ich mich unter solchen Umständen nicht an das Studium der Konstruktionen machte, ist leicht verständlich.

Zahlwörter.		
1 kodn, koddu, gott.		
2 (njár, ngár) quár.		
3 motta, mutta.		
4 héo.		
5 mui.		
6 dogott		
7 dongoár, dunquár		mit Versetzung dem mui.
8 domta		
9 dohó		
10 keí.		
11 ki dokot.		
12 ki donquar.		
13 ki domta.		
14 ki doho.		
15 ki domui.		
16 ki domin kot.		
17 ki domin quar.		
18 ki domin mutta.		
19 ki domin heo.		
20 ki-ki.		

Mann, Mensch bollo.
Frau omara.
Junge djemá, gemá.
Mädchen giñggadja.
Wasser mini.
Feuer fodn.
Wind, Luft héllélé.
Haus urú, urū.
Baum kága.
Holz ñgir, n'gir.
Erde hé.
Stein lánda.
Elephant kidi, kiddi.
Büffel kobi.

Ochse schä.
Schaf rombo.
Ziege beñja.
Huhn ngonneh.
Wildes Huhn tandja.
Hyäne hillu.
Leopard kogo.
Giraffe killir.
Milch mája.
Büschelmais monj.
Dohen golaio.
Mehl ridju.
Merissa leggi.
Honig kamba.
Kopf do, dä.
Hals go.
Arm dji.
Hand moja djidji, moja gigi.
Bauch he.
Fuss bondo, bnóndo.
gross olalla.
klein ngetgan, negetegän.
schön améme.
mein ajama.
essen monko.
schlagen eddjidi, eschidi.
schlafen dáwi.
sterben, tödten ajojo.
kaufen n'duku, aguggu.
kommen eïwa.
gehen n'déwa.
bringen, holen ajama, djima.
wegnehmen nba.
Lanze mehe.
Pfeil kera.
Messer mamberembe.

Wassergefäss kéde, kéte.
Kalabasche kólo.
Barke jeï.
Eisen gandja.
Kupfer telu.
Tabak táwa.
Pfeife kutawa, kodaua.
Wasser trinken ade-min.

Bring' Wasser mini djima.
Kaufe Merissa agu leggi.
Bring' Tabak táwa djima.
Hund bihi.
Ratte higgé, hiqé, ◡.
Vogel holl, holi.
Stock béli, wéli.
Haut, Leder hewänne.

Anhang II: Zoologisches.

Einleitung, aus einem Briefe an Dr. G. Hartlaub.

Unter meinen Entdeckungen im Gebiete der Säugethiere so wie in Bezug auf die Ornis hiesiger Gegenden befinden sich höchst interessante Daten, die zum Theil gar nicht mit den über Thiergeographie aufgestellten Gesetzen harmoniren. Wer hätte hier einen Georychus oder einen Aulacodus gesucht? Das Vorkommen des Mandril und eines Gorilla-ähnlichen kolossalen Affen ist mir weniger auffallend, eben so das von Psittacus erythacus, den Denham vom Tsad-See nach England brachte. Von bis jetzt nur aus West-Afrika bekannten Typen begegnet man hier, wie früher schon berichtet, einer Hyliota und einem Anthreptes, dazu fand ich noch eine prachtvolle himmelblaue Elminia, einen Melignothes, mehrere eigenthümliche Alaudinen, einen Ploceus, der dem Pl. baglafecht Buff. sehr nahe verwandt ist, einen wohl neuen Feuerfinken, eine Foudia, eine neue Crithagra, eine Ortygospiza, noch weitere mir nicht bekannte Estrelden, einige Muscicapen, einen Aegithalus, Nectarinea platura und senegalensis, Picus schoensis, murinus und punctuligerus, Atticora cypseloides mihi (Zugvogel im Januar). Ein äusserst merkwürdiger Caprimulgus ist mir leider entgangen, dagegen traf ich häufig einen Macrodipteryx, von Trappen nur eine der Otis Denhami verwandte sehr schöne Art und O. Hartlaubii mihi. Diese Funde sind ein sicherer Beweis, dass ich die Meridiane der Ost-Afrikanischen Thierzonen ein Stückchen nach Westen zu überschritten habe.

Ausserdem sammelte ich das Jugendkleid von Circaetos zonurus ein, das mir mit C. melanotus übereinzustimmen scheint, auch schoss ich wiederholt den alten Vogel. Dann Corythaix leucolophus, ziemlich viele Indicatorius, Malaconotus icterus und M. similis, den schwarzköpfigen Coccystes (C. phaeopterus Mus. Par.), Upupa senegalensis, Oedicnemus affinis, nicht wenige Exemplare meiner Francolinus Schlegelii und Fr. icterorhynchus u. s. w. u. s. w. Kurz, ich habe all' meine fieberfreie Zeit, trotzdem dass ich nicht weiter als zur Ostgrenze von Fertit kam, gut verwenden können.

An ornithologischen Notizen über Mauser, Lebensweise,

Brutgeschäft u. s. w. habe ich auch Manches gesammelt, aber wer weiss, ob ich je dazu komme, Etwas hierüber zu publiciren! Für Herausgabe meines Albums — etwa 3- bis 400 Zeichnungen in Folio — ist indess gesorgt.

1. Neue Säugethier-Arten.

Über einige neue Nagethiere Central-Afrika's. — Im Gebiet der Quellflüsse des Bahr el Ghasál, unter 7 bis 8° N. Br. und 24 bis 26° Östl. Br. v. Gr., habe ich einige in Bezug auf Thiergeographie des Afrikanischen Kontinents sehr wichtige Funde gemacht: ein Repräsentant der bisher ausschliesslich aus den südlichsten Theilen Afrika's bekannten Gattung Georychus gräbt seine weitläufigen unterirdischen Gänge in der Waldregion der genannten Gegenden und ein grosser Echinomyde haust in den Binsenfeldern und Sümpfen.

Das einzige Individuum des hiesigen Erdgräbers, das ich erhielt, ist ein Weibchen, das von der Nase bis zur Schwanzspitze 6 Zoll 9 Lin. misst, der Kopf fast 3 Zoll, der Schwanz gegen 9 Lin. Wie bei den meisten Spalacinen dürfte das Männchen namhaft grösser sein. Dieses Thier lebt auf mit Hochgras bedeckten Flächen und in verlassenen Termitenbauen, immer nur da, wo das Terrain aus einer bläulichgrauen, harten, thonigen Masse besteht, kommt nur durch Zufall zu Tage und macht Erdaufwürfe ähnlich, aber grösser als die unseres Maulwurfs. Der Gang ist unbeholfen, gereizt knurrt das Thier unmuthig und reibt knirschend die Schneidezähne auf einander. Es gräbt nur mit den letzteren und wirft mit Vorder- und Hinterfüssen die Erde zurück. Ich nenne die Art Georychus ochraceo-cinereus. Wir fanden Spuren von ihr am Wau-Fluss und in ganz Bongo und Dembo westlich bis zum Kosanga. Das Vorkommen der übrigen bekannten Arten ist, wie bemerkt, auf die Südspitze von Afrika beschränkt, wie auch der einzigen Species von Bathyergus. Südost-Afrika beherbergt Heliophobius argenteo-cinereus, Central-, West-Abessinien und Schoa 2 bis 3 Rhizomyden (Rh. splendens, macrocephalus und eine dritte noch unbeschriebene Art aus dem Agau-Lande), so wie Heterocephalus glaber. Nord- und West-Afrika kennen dagegen keine Spalacinen.

Ich bemerke hier beiläufig noch, dass Spalax typhlus noch südwärts in ganz Kleinasien bis zum Taurus herab nicht selten ist.

Schon vor langer Zeit hatte man mir von einem grösseren, angeblich in Erdhöhlen lebenden anderen Thier aus Fertit und Njamjam berichtet, das in der Dór-Sprache „Boghe", auf Djur „Njanjar" und von den Arabern „Far-el-bus", d. i. Binsenratte, genannt wird, welches mit seinen enormen Vorderzähnen das Elfenbein gefallener Elephanten anschneiden soll. Ich scheute weder Mittel noch Mühe,

diesen Eisenfresser in meine Gewalt zu bekommen, es gelang mir aber erst in der trockenen Jahreszeit, obgleich diese Thiere zwischen dem Djur und Kosanga-Fluss allgemein bekannt sind, somit nicht selten sein müssen. Der „Far-el-bus" hat bei beträchtlicherer Grösse und etwas massigerem Körperbau in allgemeinen Formen und Färbung einige Ähnlichkeit mit Hyrax, der Schwanz ist aber etwa von halber Körperlänge, der Kopf mehr stachelschweinartig, wohl etwas mehr komprimirt, der ganze Körper dicht mit Borstenkleid bedeckt und über der Oberlippe liegt eine tiefe Wangenfalte. Er gehört offenbar zum Genus Aulacodus und scheint sich namentlich durch die Anwesenheit von Schwimmhäuten an den Hinterfüssen von seinem einzigen noch überdiess sehr unzureichend bekannten Gattungsverwandten Aulacodus Swinderianus Temm. zu unterscheiden. Ich nenne die Central-Afrikanische Art Aulacodus semipalmatus. Dieses Thier lebt westlich vom Djur-Fluss bis zu den Fertit und Njamanjan, meist im Hochgras der durch die lange währenden Regenzeiten gebildeten Sümpfe. Es scheint in Erdlöchern zu hausen, kommt aber bei Tag zum Vorschein und soll auch viel schwimmen. Sein Fleisch gleicht dem des Stachelschweins, ist saftig, fett, weiss, zart und wohlschmeckend. Der „Far-el-bus" wird nur in der trockensten Jahreszeit gejagt, und zwar mittelst Feuer, welches die Eingebornen vor dem Winde in die Rohrdickichte legen; den Fliehenden wird dann mit Lanze und Pfeil nachgesetzt. Er soll in den genannten Ländern nirgends selten sein und in Familien von 3 bis 5 Stück zusammen leben. Ob er wirklich Elfenbein anschneidet und zu welchem Zweck, habe ich nicht mit Bestimmtheit ermitteln können.

Eine Rennmaus, Meriones macropus sp. nov., lebt paarweis in selbstgegrabenen Erdlöchern in der Steppe und Waldregion zwischen dem Djur- und Kosanga-Fluss. Ihre Nahrung besteht in Sämereien und kleinen Insekten, die sie nur zur Nachtzeit jagt.

Die schöne Mus Zebra spec. nov. lebt paarweis in Erdhöhlen und unter Gebüsch in offenen, mehr mit Hochgras bewachsenen Gegenden im Lande der Req-Neger, Djur und Bongo. Ihre Nahrung besteht in Grassamen und Wurzeln. Bei Tag kommt sie höchst selten zum Vorschein. Sie steht der Grösse nach in der Mitte zwischen Mus pumilio und M. vittatus, unterscheidet sich von beiden durch Farbe der Streifung und beträchtlichere Anzahl der Striemen so wie durch viel längeren Schwanz und auffallend glänzende Behaarung.

Zwei neue Chiropteren. — Ein grosser Flederhund, Epomophorus anurus Hgl., der sich von allen bekannten Epomophorus-Arten durch die vollkommene Abwesenheit eines äusserlich sichtbaren Schwanz-Rudimentes unterscheidet, ist nicht sehr selten in Bongo, fliegt bei Tage sowohl als bei Nacht, gewöhnlich einzeln, und nährt sich von Früchten verschiedener Urostigma-Arten, wahrscheinlich auch von Capparideen und Cordien.

Der hübsch gefärbte Dysopes hepaticus Hgl. lebt gesellschaftlich im dürren, dichten Laub auf unersteiglichen Doleb-Palmen (Borassus aethiopios) im Lande der Req-Neger bis zum Djur-Fluss. Selten sieht man ihn bei Tage fliegen, doch ist er immer munter und sieht bei grellstem Sonnenlicht.

2. Ornithologische Miscellen aus Central-Afrika.

Rapaces. — Während der Regenzeit, in der viele und zahlreiche Flüge von Fringillinen n. s. w. wohl wegen Mangels an Gramineen und anderen Sämereien die hiesige Gegend verlassen, scheinen auch namentlich die sperberartigen Raubvögel sie zu meiden. Cathartes monachus ist immer häufig, eben so haben die zahlreichen getödteten Elephanten zwei andere Geierarten in Menge herbeigezogen: Vultur occipitalis und V. bengalensis. Weder echte noch Schlangenadler habe ich beobachtet mit Ausnahme von Circaetos zonurus Pr. v. Württemberg. Helotarsus ist gleich häufig wie zur trockenen Jahreszeit; Milvus parasitus überall, aber nicht in Menge, eben so Melierax polyzonus. Micronisus monogrammicus trifft man einzeln im Hochwald, Micronisus miltopus mihi kommt auch vor, aber selten. Während der Regenzeit liess sich kein Circus blicken. Falco melanopterus und Hypotriorchis ruficollis wurden Mitte September gesehen, eben so ein Raubvogel, den ich nur für eine Avicedes-Art halten kann; im November ein Poliospiza. Am Kosanga-Fluss lebt ein grosser fischfressender Raubvogel mit weissem Kopf, der sich von Pandion vocifer sogleich durch seine stille Lebensweise unterscheidet. Er ist ein geschickter Fischer, aber seine Beute wird ihm häufig von der lotztgenannten Art, die sich schreiend auf ihn stürzt, abgejagt. Ob ein Gypohierax? — Strix occipitalis, die auch bei Tag fliegt, lebt am Kosanga-Fluss, Bubo maculosus paarweis in der Waldregion.

Caprimulgidae. — Nach der Regenzeit, während welcher alle hiesigen Ziegenmelker die Gegend verlassen hatten, war eine hierher gehörige, höchst eigenthümliche Art in Bongo nicht eben selten, der Macrodipteryx condylopterus Hgl., der eine lange, leierförmig geschweifte, sehr breite, vollbartige Afterfeder in der Gegend zwischen den Primär- und Cubital-Schwingen eingelenkt trägt. Sie überragt Schwingen- und Schwanzspitze beträchtlich, ihre Spitze ist etwas ein- und rückwärts gebogen und die langen Bartfasern der inneren Fahne sind zerschlissen und hängen in graziösem Bogen über die ganze Feder herab.

Von den Nordost-Afrikanischen Caprimulgiden sind Zug-

vögel C. europaeus und C. isabellinus. Letzterer lebt oft schaarenweis zusammengerottet und weniger im Gebüsch als im Steppengras, namentlich auf Inseln im Nil. Ich fand ihn im August am Dongola brütend und im April und Mai sehr häufig auf sandigen und grasreichen, mit Unterholz bewachsenen Plätzen unfern Kairo, während er sonst zu keiner Jahreszeit in Ägypten anzutreffen ist; auch scheint diese Art nicht südlicher als bis zum 15° N. Br. zu gehen. Den in der Bajuda, Sennaar und Kordofan ziemlich seltenen C. infuscatus erlegte ich, vielleicht zufällig, nur im November und Dezember, C. eximius eben so. C. climacurus ist Standvogel im Gebiet des Weissen und Blauen Nil und geht nordwärts bis 18° N. Br., er scheint vorzugsweise die Gebüsche längs der Flussufer zu lieben und geht wie C. infuscatus, C. isabellinus und Macrodipteryx nicht auf Bäume.

Hirundinidae. — Keine Schwalbe scheint in Bongo Standvogel zu sein. Zu Anfang der Regen war Hirundo abissinica hier nicht selten, während derselben erschien H. senegalensis oft sehr zahlreich um unsere Seribah und liess in den Lüften ihren flötenden, an den gewisser Finkenarten (Ortygospiza) erinnernden Lockton vernehmen. Beide Arten verliessen die Gegend unmittelbar nach der eigentlichen Regenzeit. Im Januar 1864 war H. senegalensis jedoch mit H. melanocrissus, H. rufifrons und Atticora cypseloides Heugl. nicht selten am Wau-Fluss. Dass H. senegalensis in Nubien vorkomme (Verreaux in Hartlaub's System der Ornithologie West-Afrika's), ist wohl eine irrthümliche Angabe. Ende Oktober strich H. urbica hier durch, gleichzeitig auch glaube ich H. rufifrons gesehen zu haben, so wie eine kleine Uferschwalbe (wohl C. paludicola). Cypselus ambrosiacus begegnete ich auch nicht selten während der Regen, eben so einem wenig grösseren, dunkel gefärbten Segler (ob C. murarius?) zu Anfang Oktobers.

Alcedinidae. — Obgleich die Familie der Alcedinen im nordöstlichen Afrika ziemlich reichlich und vielfältig vertreten ist, so ist doch dieser Theil des Kontinents etwas ärmer an Arten und namentlich an ausschliesslich eigenthümlichen als West-Afrika. Eine Species, Todiramphus chlorocephalus, nicht selten längs des Rothen Meeres und der Somali-Küste, ist auch im mittäglichen Indien, namentlich auf den Sunda-Inseln, zwei andere — Alcedo ispida und rudis — in Europa und Asien heimisch, letztere Art über ganz Afrika und viele seiner Inseln verbreitet. Die übrigen östlichen Arten kommen alle in West-, die meisten auch in Süd-Afrika vor.

Nur wenige der hiesigen Eisvögel sind ausschliesslich Bewohner der Ufer von Gewässern. Alcedo ispida, rudis, maxima und semitorquata so wie chlorocephala, die nur am Meeresgestade lebt, sind mir nie im wasserlosen Hochwald oder in der Steppe vorgekommen, wogegen ich z. B. Halcyon cheliouti niemals in der Nähe von Bächen u. s. w. antraf; ihre Hauptnahrung wie die von A. senegalensis L. (nec Briss.), A. rufiventris, A. semicoerulea, A. cyanotis u. s. w. besteht in Heuschrecken, Libellen, Grillen, Mantis u. s. w., die sie auf dürren Ästen, Zäunen und sogar auf Dächern lauernd geschickt im Flug fangen.

Nur Alcedo ispida, die im Winter in Ägypten und am nördlichen Theil des Rothen Meeres erscheint, dürfte in Nordost-Afrika eigentlicher Zugvogel sein, A. semicoerulea scheint mehr zu streichen. Keine mir bekannte Species lebt gesellschaftlich, aber oft trifft man mehrere Arten auf ein und demselben Revier friedlich beisammen. Ihr Jagdgebiet ist gewöhnlich nicht ausgedehnt und in demselben zeigen sie grosse Vorliebe für ganz bestimmte, eben für den Fang von Fischen und Insekten günstige Plätze.

In Ägypten und Nubien (dessen südlichste Theile ausgenommen) kommen nur 2 Arten (A. ispida und A. rudis) vor, A. chlorocephala geht am Rothen Meer nordwärts bis in die Gegend von Sauakin, alle übrigen Nordost-Afrikanischen Eisvögel bewohnen die Regenzone südlich von 16° N. Br.

Ich gebe hier eine Übersicht der hiesigen Arten:

Halcyon pygmaea Rüpp. In den Bogos-Ländern, Taka, Abessinien, Sennaar, Kordofan und dem Quellgebiet des Bahr el ábiad und seiner Zuflüsse, bis zu 7000 F. Meereshöhe. (Senegambien, Guinea, Abomey, Sierra Leone, Natal.)

Halcyon senegalensis Linn. Ziemlich einzeln in der Waldregion und baumreichen Steppe längs des Weissen und Blauen Flusses, in Fazoglo, Beni-Schangol und den Distrikten der Djur und Dôr westwärts vom Djur-Fluss. (Gabun, Niger, Guinea, Senegambien.)

Halcyon semicoerulea Forsk. Im Abessinischen Küstenland nördlich bis gegen 17° N. Br., in den Steppen Ost-Sennaars, am Blauen und Weissen Nil, in Abessinien, den Danakil- und Somali-Ländern, wohl auch in Arabien. Im Inneren des Kontinents traf ich diesen Vogel selten, von Mai bis Oktober, in Djur schon im April. An der Somali- und Danakil-Küste — jedoch nie am Meeresgestade selbst — kommt er mit der dortigen Regenzeit und mit Beginn der Nordost-Monsune an. (Casamanze, Süd-Afrika.)

Halcyon rufiventris Swains. Wie der vorige in Ost-Abessinien, am Bahr el ábiad und Bahr el azrak, in Fazoglo, Djebel Qul u. s. w. (in ganz West-Afrika).

Todiramphus chlorocephalus Gm. An den Küsten und Inseln des Rothen Meeres, etwa von 20° N. Br. an südwärts, im Golf von Aden an der Süd-Arabischen Küste u. s. w. paarweis an sumpfigen Stellen, wo viele Avicennien wachsen. Ist bestimmt identisch mit dem Halcyon collaris Scop. der Sunda-Inseln, nicht aber mit H. collaris Swains.

Alcedo ispida L. Einzeln im Winter und Frühjahr als Zugvogel in Ägypten, Nord-Arabien und im Golf von Sues, eben so in der Berberei.

Alcedo semitorquata Swains. In Schoa und Abessinien, immer längs der Gestade von Wildbächen, namentlich' im Quellenland des Takasseh zwischen 2- und 6000 F. Seehöhe. (West- und Süd-Afrika.)

Ispidina cyanotis Swains. Nirgends häufig in Nordost-Afrika; meist in der Waldregion bis 7000 F. Seehöhe, selten längs See- und Bachufer. Wir fanden diese Art in den Bogos-Ländern, in Central-Abessinien, in den Steppen Ost-Sennaars, Fazoglo u. s. w. (Süd- und West-Afrika.)

Corythornis coeruleocephala Gm. Nach Cassin in Fazoglo. Ich zähle hierher zwei noch nicht ganz alte Vögel, die wir an einem Sumpf bei Ad-Johannes in Tigre einsammelten.

Corythornis cristata L. Sehr häufig an Wildbächen, seltener in der Waldregion in Abessinien, den Bogos-Ländern, Sennaar, in den Ländern um den Bahr el ábiad und Bahr el Ghasál. Standvogel. In Abessinien bis 10.000 F. Seehöhe. (Süd- und West-Afrika.)

Ceryle rudis L. Gemein in ganz Nordost-Afrika und am Rothen Meer. (Sicilien, Griechischer Archipel, West-Asien, ganz Afrika.)

Ceryle maxima Pall. Lebt paarweis an grösseren Bächen und Flüssen in Abessinien, z. B. um Adoa, am Takasseh, Bellegas, Ataba u. s. w. bis 7000 F. Seehöhe. Ferner in Ost-Sennaar und Taka am Atbara, Dender und Rahad, in Fazoglo, am Djur und Waú, wohl auch am Sobat. (Süd- und West-Afrika.)

Ausser den erwähnten Arten beobachtete ich am Mareb und Atbara einen kleinen Eisvogel, von einfarbig purpurbraun gefärbt schien, wie A. madagascariensis von den Sunda-Inseln. Nach Lefèbvre sollen in Abessinien noch vorkommen Alcedo cyanopectoralis Lef. und A. purpurea Gm. An den auf dem Ostufer des Todten Meeres meist in Kaskaden mündenden Wildbächen und wahrscheinlich auch an den Gewässern des Wadi Araba lebt ein Eisvogel, der mir identisch mit A. smyrnensis zu sein scheint.

Meropidae. — Im Gegensatz zu den Alcedinen sind mit Ausnahme von Merops viridissimus und M. erythropterus (vielleicht auch M. frenatus Hartl.) alle Nordost-Afrikanischen Bienenfresser Zug- und Strichvögel. Nur die drei auch in Süd- und Ost-Europa vorkommenden M. aegyptius Forsk., M. apiaster und M. viridissimus zeigen sich auch nördlich von der Regengrenze und letzterer brütet in Mittel- und Ober-Ägypten. Von den tropischen Arten geht M. erythropterus am weitesten nach Norden, bis 17° N. Br., auch M. Lafrenayi traf ich noch in den Bogos-Ländern zwischen 15 und 16° N. Br. an. Fast alle leben in der Steppe und längs der Flussufer, zuweilen sieht man sie fern von üppiger Vegetation truppweis in der Wüste Heuschrecken jagen.

Auch die Ost-Afrikanischen Meropiden können, was Vielfältigkeit der Arten und Farbenpracht anbelangt, mit den westlichen keinen Vergleich aushalten. Ausser M. Lafrenayi und frenatus kommen alle hiesigen auch in West-, die meisten in Süd-Afrika vor und die zwei genannten sind dort durch die sehr ähnlichen M. variegatus und Bullockii vertreten.

Merops aegyptius Forsk. Zugvogel im Februar und März, Juli und August in Arabien und Ägypten, im Herbst und Winter in Nubien, Abessinien, Kordofan, am Weissen und Blauen Fluss oft in grossen Schaaren.

Merops apiaster L. Von März bis Juni und im Herbst in Ägypten und Arabien, geht den Winter über südwärts bis durch Abessinien, Sennaar, Kordofan u. s. w.

Merops albicollis Vieill. An der Abessinischen Küste, in Sennaar, Kordofan und am Bahr el ábiad. Streicht nach der Regenzeit truppweis im Land umher. In Djur und Bongo, wo er im Oktober in grossen Gesellschaften anlangt, aber bald wieder wegzieht, wurde er während der Sommerregen nicht bemerkt.

Merops nubicus Gm. In grossen Gesellschaften in Central-Abessinien, 6- bis 7000 F. hoch, in Taka, Sennaar, Kordofan und am Bahr el ábiad. Streicht vor und nach der Brut- und Regenzeit in der Waldregion und Steppe umher. Entsteht ein Steppenbrand, so ist M. nubicus immer der erste Vogel, der sich dort in Menge versammelt, um die durch das Feuer aufgejagten Heuschrecken u. s. w. in Empfang zu nehmen. Nicht selten beobachtete ich diese Art im Herbst auf dem Rücken von Sphenorhynchus Abdimii, wenn letzterer ebenfalls mit Heuschreckenfang beschäftigt gravitätisch das dürre Hochgras durchwanderte. Stöbert der Storch eine Mantis u. s. w. auf, so fliegt der Bienenfresser von seinem Rücken ab und lässt sich nach gemachtem Fang dort wieder weiter tragen. Nördlichste Grenze des Vorkommens 15 bis 16° N. Br., in Taka etwas nördlicher.

Merops viridissimus Sw. In Mittel- und Ober-Ägypten, dem nördlichen und mittleren Nubien, den Bogos-Ländern und in Kordofan, nach d'Arnaud auch am Weissen Nil.

Merops erythropterus Gm. Im südlichen Nubien, Kordofan, Taka, Bogos, an der Abessinischen und Danakil-Küste, in Central-Abessinien, den Galla-Ländern, Sennaar, wohl auch am ganzen Bahr el ábiad Standvogel. In Bongo nur im Dezember und zwar selten beobachtet. (West-Afrika, Mozambique.)

Merops collaris Vieill. Nach v. Kittlitz in Kordofan. Ich rechne hierher einen Bienenfresser, den ich im Dezember um Adoa brütend fand. (Senegal.)

Merops Lafrenayi Guér. Im wärmeren Abessinien bis 7000 F. Höhe. Im August und September in den Bogos-Ländern, im Januar bis März am Takasseh und am Gondar, im März in den Ländern der Wollo-Galla und Woro-Haimano.

Merops frenatus Hartl. In heissen und feuchten waldigen Tiefländern am Westabfall des Abessinischen Hochlandes, am oberen Mareb, Atbara, Blauen Nil, Dender, in Fazoglo, am Djur- und Kosanga-Fluss.

Merops hirundinaceus Vieill. Ich fand diese, wie es scheint, von Salt in Abessinien eingesammelte, aber seither nicht wieder von dort nach Europa gebrachte Art in der Waldregion jenseit des Djur-Flusses bis zum Kosanga im April bis August.

Merops Boleslawskyi Pölzeln aus Nordost-Afrika kenne ich nur dem Namen nach; ich vermuthe, dass diese Art mit M. frenatus oder Lafrenayi zusammenfällt.

Nectarineae. — Die Honigsauger sind in den Quellländern des Bahr el Ghasál sowohl in Arten- als Individuenzahl sehr schwach vertreten. Auf der Insel der Meschra el Req erlegte ich einen jungen Vogel, der zu N. affinis Rüpp. gehören dürfte; im Distrikt der Req-Neger begegnete ich seltener, meist auf den herrlichen Blumen der Kigelia africana der bunten Nectarinea erythroceria Hgl. N. eriventata Rüpp. ist überall im Lande der Req, Djur, Dôr u. s. w. ziemlich häufig, namentlich auf Capparis-Arten und Crataeva Adansonii, hier in Bongo auf den Blüthen des Butterbaumes, auf Banhinia, Tamarinden und einer wahrscheinlich neuen Ziziphus-Art (Nabak el fíl der Araber). Den stattlichen Anthreptes Longuemarii traf ich nur an den Gestaden des Bahr el Wau, meist auf Hochbäumen, und hier in Bongo fand ich eine für Nordost-Afrika neue, sehr hübsche Nectarinea, die ich für identisch mit den West-Afrikanischen N. platura Vieill. halte.

In Verhältniss zu Süd- und West-Afrika ist der nordöstliche Theil dieses Kontinents arm an Honigsaugern: N. formosa .Vieill. (in den Abessinischen Hochgebirgen vor mir nicht unter 11.000 F. Seehöhe und meist auf Rhynchopetalum, Echinops und Erica beobachtet), N. pulchella Vieill. (gemein im südlichen Nubien, Taka, den Bogos-Ländern, Sennaar, einzeln in Abessinien, Kordofan, am unteren Bahr el ábiad, wahrscheinlich auch in Bongo), N. Takazze Stanl. (nur in Abessinien und den Galla-Ländern bis 12.000 F. hoch), N. metallica Licht. (brütet schon am Nil im nördlichsten Nubien, häufig in Sennaar, Kordofan und in den Abessinischen Tiefländern), N. affinis Rüpp. (in Kordofan, Tigre, den Bogos-Ländern und Taka), N. gularis Rüpp. (in Taka, den Bogos, Kordofan), N. habissinica Ehr. (in den Somali- und Danakil-Ländern und in den Hochgebirgen Ost-Abessiniens vom Meeresgestade bis in 12.000 F. Seehöhe), N. ernentata Rüpp. (in den Bogos-Ländern und den wärmeren Theilen Abessiniens, jedoch nicht am Meer, häufig am oberen Weissen Nil, seltener in Ost-Sennaar), N. senegalensis L. (in Bongo), N. platura Vieill. (in Bongo), N. melampogon Licht. (aus Taka), N. lucida Licht. (aus Taka, mir unbekannt), N. erythroceria Hgl. (im Lande der Req, in Bongo), N. cuprea Shaw (in Bongo, selten in Ost-Abessinien, am Mareb, in den Bogos, Fazoglo und am oberen Bahr el ábiad), N. purpurata Illig. (nach Kittlitz in Kordofan, nach Bonaparte in Abessinien), N. albiventris Jard. (von der Somali-Küste, Ras Haffun), Anthreptes Longuemarii Less. (am Bahr el Wau auf der Grenze der Djur und Bongo). Hartlaub erwähnt in seinem System der Ornithologie West-Afrika's 36 Arten westliche Honigsauger; von den östlichen Arten finden sich darunter nur N. pulchella, N. melampogos und N. cuprea, sowie Anthreptes Longuemarii nnd N. platura.

Upupa senegalensis Sw. erscheint in Bongo wahrscheinlich erst nach den Sommerregen. Ich habe ihn wenigstens nicht früher hier bemerkt. Nicht selten das ganze Jahr über ist hier Irrisor senegalensis Vieill. Einzelner kommt Irrisor cyanomelas vor, auch bemerkte ich in Bongo einen anderen hierher gehörigen kleinen Vogel mit gelbem Schnabel, wohl Irrisor Cabanisi Defil. (I. icterorhynchus Hgl.), der im Bari-Lande am Bahr el ábiad vorkommt.

Sylviidae. — An Sylvien sind wir hier sehr arm, hauptsächlich sind sie durch Drymoeca-Arten vertreten. Drymoeca senegalensis Rüpp. findet sich überall in Binsen und Buschwerk; Dr. valida nov. sp. lebt an Bächen in Bongo und am Kosanga; Dr. jodoptera nov. spec. paarweis in dichten Gebüschen. Cisticola ferruginea Hgl. und Sylvia (Eremomela?) elegans Hgl. erlegte ich 1853 am Westabfall des Abessinischen Hochlandes, in der Provinz Sarago, beide habe ich in Djur und Bongo wiedergefunden.

Eine, wie es scheint, neue Zosterops-Art lebt sehr einzeln in Bongo auf Hochbäumen. In buschigen Gegenden der Waldregion kommt hier ein äusserst zartschnäbliges Vögelchen vor, vielleicht die kleinste Form unter allen dieses Welttheils, das ich vorläufig zu Aegithalus (Aegithalus parvulus mihi) stelle. Parus leucomelas Rüpp. ist in Bongo allenthalben in der Waldregion anzutreffen.

Laniidae. — Auch an Würger-artigen Vögeln ist unsere Gegend jetzt sehr arm. Corvinella affinis und Prionops cristatus trifft man in kleinen Gesellschaften in der Waldregion, Dryoscopus Cubla und Nilaus Brubru paarweis, häufiger Dryoscopus aethiopicus und Telephonus longirostris. In den Schilfwäldern der Meschra el Req sah ich öfter einen letztgenanntem ähnlichen Vogel, ob T. trivirgatus Smith? Der zwischen Djur und Bahr el Ghasál so häufige Lanius macrocercus ist, wie es scheint, zur Regenzeit oder überhaupt nicht in Bongo zu finden. Malaconotus

icterus wurde erst nach der Regenzeit und ziemlich selten in Bongo beobachtet, Malaconotus chrysogaster kommt einzeln in Djur und Bongo vor.

Campephaga phoenicea mausert im Februar und März, Oktober und November. Graculus frenatus Hgl., dem Gr. pectoralis Jard. sehr ähnlich, sieht man häufig paarweis im Lande der Djur und Bongo. Melaenornis edolioides Sw. (?) kommt in Djur und Bongo nicht selten auf Hochbäumen vor, jedoch nur vor der Regenzeit.

Ausser der früher beschriebenen neuen Muscicapa melanura mihi, die Standvogel in Djur, Bongo und Kosanga ist, entdeckte ich hier eine durch ihre Tchitreen-ähnliche Form und Farbenpracht ausgezeichnete Art, die zur Gattung Elminia gehören möchte und die ich zu Ehren meiner muthigen Reisegefährtin Elminia Alexinae nenne. Ich traf sie sehr einzeln am Fluss von Wau, theils auf Hochbäumen, theils in dichtem Gebüsch. Eine andere neue Art ist Muscicapa aquatica Hgl., die im Gebüsch längs der Ufer des Wau-Flusses nicht selten vorkommt. Muscicapa pallida mihi ist wahrscheinlich auch Standvogel hier. Tchitrea ferreti findet sich überall längs des Bahr el ábiad und Bahr el Ghasál. Nach Hartlaub wäre die Nordost-Afrikanische Platysteira identisch mit Pl. pirit, alle hiesigen Vögel wollen aber nicht auf die Beschreibung von Pl. pirit passen und scheinen eher der echten Pl. senegalensis zugetheilt werden zu müssen.

Lamprotornis. — Lamprotornis Eytoni immer nur paarweis in der Waldregion in Bongo, Lamprotornis Burchellii paarweis und in kleinen Trupps in Djur und Bongo, nach Herzog Paul von Württemberg auch in Fazoglo. Lamprocolius amethystinus Hgl. ist hier ziemlich häufig, zum Theil gemischt mit L. cyanogenys. Die meisten Glanzdrosseln nähren sich jetzt fast ausschliesslich von wilden Feigen und einigen anderen Baumfrüchten, wie auch Oriolus bicolor. Pholidanges leucogaster traf ich von April bis August häufig hier an, auch Lamprocolius superbus, der im Lande der Req vorkommt, wird wohl wandern.

Fringillidae. — Während der Regenzeit fehlen hier viele Arten, die vor Einbruch derselben zum Theil ungemein häufig waren, wie namentlich die Estrelden und Sporaeginthus. Ploceinen finden sich überall, aber nicht in Gesellschaften; sie wechseln im Juli ihr Gefieder und beginnen im August ihren Nestbau, wie auch die ihnen nahe stehenden Euplectes- und Coliuspasser-Arten. Ploceus larvatus scheint Bongo im Juni und Juli zu verlassen. Ploceus vitellinus und Pl. chrysomelas Hgl. (der kleinere östliche Repräsentant von Pl. personatus), wahrscheinlich auch Pl. intermedius Harris sind vorhanden, so wie eine dem Pl. baglafecht Buff. ähnliche Art, die mir neu zu sein scheint.

Textor atrogularis Hgl. Im August und September ziemlich einzeln in Bongo, meist an sumpfigen Regenbetten und in Durrah-Feldern.

Textor chrysopygius Hgl., vielleicht identisch mit Ploceus vitellinus. Ziemlich einzeln in Bongo.

Euplectes ignicolor kommt einzeln vor, häufiger Euplectes pyrrhozona Hgl., dem Eupl. flammiceps sehr nahe stehend.

Ploceipasser superciliosus Rüpp. Überall in der Waldregion an offenen Stellen und in Elensine-Feldern.

Sycobius pyrrhocephalus Hgl. Im April, Mai und Juni in der Waldregion; wir haben sie auch in derselben Jahreszeit aus dem Lande der Bari-Neger erhalten.

Fondia haematocephala Hgl. Im September in Bongo eingesammelt. Wenn diese neue Art wirklich zur Gattung Fondia gehört, so kennen wir von dieser nun 5 Arten: 2 von Madagaskar und Bourbon (F. madagascariensis und erythrocephala), 1 von Zanzibar (F. eminentissima), 1 von West-Afrika (F. erythrops Hartl.) und die neue, Central-Afrika bewohnende.

Coliostruthus macrourus. Nicht selten paarweis in Binsen und Hochgras längs Regenbetten in Bongo.

Vidua sphenura und V. principalis habe ich erst von Mitte September an und dann häufig hier gesehen.

Hypochera ultramarina. Nicht selten in der Waldregion von Bongo.

Ortygospiza. Eine der West-Afrikanischen O. polyzona Temm. mindestens sehr nahe stehende Art lebt zur Regenzeit paarweis an Lichtungen und Wegen in der Waldregion von Bongo.

Estrelda melanopygia Hgl. Wie es scheint, selten in Bongo. Lebt in kleinen Trupps im Hochgras.

Lagonosticta (Estrelda) lateritia Hgl. In kleinen Flügen nicht häufig in Djur, Bongo und am Kosanga.

Estrelda hypomelas Hgl. möchte ich die von mir früher als Estrelda melanogastra beschriebene Art nennen, weil die letztere Benennung schon durch Swainson vergeben ist.

Pyrgita Swainsonii und Estrelda phoenicotis sind überall sehr gemein.

Amadina detruncata einzeln in Bongo, auch Fringilla minima und nitens glaube ich hier bemerkt zu haben. Lagonosticta nigricollis Hgl., Estrelda hypomelas Hgl. und E. palustris Hgl., wie auch der hiesige Sporaeginthus scheinen während der Regenzeit nicht in Bongo zu sein, kommen aber schon im Oktober wieder zurück.

Pytelia phoenicoptera Sw. Ich rechne hierher einen Vogel, der in Bongo Standvogel sein dürfte und paarweis hie und da in Hochwald und Gebüsch vorkommt.

Pytelia melba ist hier sehr einzeln.

Crithagra leucopyga Sund. Vor dem Beginn der Sommerregen in Trupps, im August und September paarweis ziem-

lich gewöhnlich im Lande der Req, Djur und in Bongo. Eine neue, ihr nächst verwandte Art ist

Crithagra barbata Hgl., die nicht selten um den Djur, in Bongo und am Kosanga vorkommt.

Xanthodina dentata Sund. Nicht selten das ganze Jahr über in der Waldregion um den Djur und in Bongo.

Fringillaria flavigastra Rüpp. Einzeln während der Regenzeit in der Waldregion.

Alaudinae. Auffallend ist der Mangel an Lerchen im Quellland des Gazellenflusses und am Weissen Nil überhaupt. Der Grund hiervon ist wohl in den Terrain-Verhältnissen zu suchen, es fehlen hier grosse freie Kulturflächen, Wüsten- und Gebirgsland. Zwischen der Meschra der Req-Neger und dem Kosanga-Fluss fand ich ausser Pyrrhulauda leucotis nur zwei Arten, die ich bisher nicht kannte: Melanocorypha infuscata Hgl., von der im Juli in Bongo ein einziges Exemplar erlegt wurde, und Galerida modesta Hgl., die als Standvogel in Bongo auf steinigen Blössen in der Waldregion lebt.

So hätte ich in kurzer Zeit 17 für die Ornis des Bahr el ábiad neue Fringillinen hier aufgefunden: Ploceus larvatus Rüpp., Pl. atrogularis Hgl., Euplectes pyrrhozona Hgl. (vielleicht Petiti), Coryphegnathus melanotus Hgl., Foudia haematocephala Hgl., Ortygospiza polyzona Rüpp. (?), Estrelda palustris Hgl., E. hypomelas Hgl., E. melanopygia Hgl., E. rhodopsis Hgl., Spermestes scutatus Hgl., Lagonosticta nigricollis Hgl., L. lateritia Hgl., Pytelia phoenicoptera Sw. (?), Coliuspasser macrourus Gm., Crithagra barbata Hgl., Sporaeginthus miniatus Hgl. Unsichere Art: Textor chrysopygius Hgl., die vielleicht mit Ploceus vitellinus zusammenfällt.

Buceros und Corythaix. — Von Musophagen ist mir nichts Besonderes aufgestossen. Chizaerhis zonura findet sich häufig als Standvogel am Djur- und Kosanga-Fluss so wie in Bongo in der Waldregion. Corythaix leucolophus Hgl. traf ich einzeln am Kosanga-Fluss. Die Buceros-Arten von Bongo habe ich nicht in der nöthigen Anzahl eingesammelt, um positive Angaben namentlich über Artselbstständigkeit der hiesigen Tockus machen zu können. Buceros abissinicus traf ich hier überall, aber nur in wenigen Paaren; auch seine vertikale Verbreitung ist sehr ausgedehnt, denn wir fanden ihn fast vom Meeresstrand an aufwärts, in Abessinien namentlich häufig zwischen 4- und 8000 Fuss, in Semién bis 10.000 Fuss, in den Galla-Ländern wohl bis 12.000 Fuss. Die Nordgrenze seines Vorkommens in Nordost-Afrika ist in Taka und den Bogos-Ländern zwischen 16 und 17° N. Br., in Kordofan geht sie weniger weit nach Norden.

Buceros hastatus und poecilorhynchus sind besonders nach der Regenzeit häufig, eben so B. erythrorhynchus und eine ihm sehr nahe stehende viel kleinere Art. B. poecilorhynchus, B. erythrorhynchus so wie B. nasutus sind in Nordost - Afrika überhaupt häufig, B. erythrorhynchus von 17 bis 18° N. Br. an, die übrigen etwa von 15 bis 16° N. Br. südwärts im heissen Tiefland bis auf 6- bis 7000 Fuss.

Sehr beschränkt scheint dagegen das Vorkommen von Buceros cristatus zu sein, man findet ihn in Central-Abessinien und Schoa in einer Höhe von 6- bis 8000 Fuss. Buceros limbatus Rüpp. ist in Abessinien Hochlandsvogel, den man zwischen 5- und 10.000 Fuss nicht selten antrifft, auch glaube ich diese Art im südlichen Kordofan gefunden zu haben. B. flavirostris Rüpp. ist in Abessinien nur auf wenige Distrikte Tigre's beschränkt, wo er in wärmeren Thälern auf Hochbäumen lebt, häufiger in Schoa und den Somali - Ländern.

Die Nashornvögel sind den ganzen Tag mit Fressen beschäftigt und verzehren junge Vögel, Schlangen, Eidechsen, Heuschrecken, Käfer, Raupen, Ameisen, Wanzen, Körner, Sämereien, Feigen, Capparis - und Cordia - Früchte. Sie leben oft gesellschaftlich und mehrere Species gemischt, doch lebt Buceros abissinicus nur paarweis und nicht unter seinen Gattungsverwandten; meist sieht man ihn rabenartig auf der Erde umherschreiten.

Scansores. — Agapornis xanthops Hgl., die ich früher beschrieben habe, ist hier ausserordentlich selten, ich erhielt bis jetzt nur noch ein einziges Individuum.

Die Picidae sind hier in ziemlich vielen Arten vertreten. Nicht selten ist Picus spodocephalus Bp. und P. Hemprichii; von dem bis jetzt in Sammlungen so äusserst seltenen P. schoensis Rüpp. schoss ich vier Exemplare. Picus punctuligerus (?), durch seine intensiv olivengelb gefärbte Oberseite ausgezeichnet, scheint im Quellland des Gazellenflusses den P. aethiopinus zu vertreten und kommt in Djur und Bongo häufig vor. P. marinus Sund., der mir früher nie vorgekommen war, sammelte ich ebenfalls hier ein; P. minutus habe ich hier und am Bahr el ábiad und Bahr el Ghasál gesehen, ihn auch ein Mal am Mareb erlegt, er scheint jedoch überall selten zu sein.

Oxylophus glandarius fanden wir zur trockenen Jahreszeit bis zum Beginn der Sommerregen (von Mai bis Juni) häufig zwischen dem Djur und der Meschra der Req-Neger. Oxylophus ater kommt einzeln in Bongo vor, viel seltener ist O. serratus, den ich nur in Nordost - Abessinien, in Sennaar und Südost - Kordofan gefunden habe. Cuculus ruficollis Sw. war selten während der Regen in Bongo, Cuc. canorus in der zweiten Hälfte Oktobers in Bongo, Chrysococcyx Claasii im November in Bongo.

Die sechs verschiedenen Indicator-Arten Nordost-Afrika's habe ich zu jeder Jahreszeit, mit Ausnahme derjenigen der Sommerregen, theils in Abessinien, Galabat, im südlichen Fazoglo und am Bahr el ábiad gefunden. Indicator albirostris scheint im Oktober hier in Bongo anzukommen, I. barianus Hgl. scheint den südlicheren Theilen des Gebiets am Weissen Fluss anzugehören. Eine andere, wie es scheint, ganz neue Art ist I. pallidirostris Hgl., von mir in Wau erlegt. Indicator minor traf ich im Januar häufig am Wau-Fluss und in Bongo erlegte ich noch einen dem I. minor oder viel mehr noch dem Melignothes conirostris Cass. sehr nahe stehenden Vogel, den ich, wenn er als neue Species erkannt wird, Melignothes pachyrhynchus Hgl. nenne.

Columbae. — Tauben finden sich hier in zahlreichen Individuen, aber nur in wenigen Arten. Gemein ist eine Treron, die aber wenigstens als konstante Race von Tr. abissinica abzutrennen ist. Ziemlich selten trifft man Columba guinea, um so häufiger Turtur aegyptiacus (senegalensis), T. vinacens, Chalcopelia afra und Oena capensis.

Gallinae. — Von Hühnern ist mir im Djur- und Kosanga-Gebiet nichts Neues oder Bemerkenswerthes mehr vorgekommen. Ptilopachus ventralis brütet hier im Oktober und November; Francolinus icterorhynchus Hgl. sieht man nicht selten paarweis in der Waldregion und am Durrah-Felder, Fr. Schlegelii Hgl. einzeln in Steppenland zwischen Djur und Kosanga-Fluss. In den Ebenen um die Sümpfe der Req-Neger erlegten wir ein Frankolin, welches dem Fr. Rüppellii sehr ähnlich und vielleicht identisch mit demselben oder mit dem nahe verwandten Fr. Clappertoni ist. Pterocles quadricinctus ist das einzige hiesige Steppenhuhn und nicht selten auf freien steinigen Flächen in der Waldregion, auch auf der Insel der Meschra el Req. Ausser der hier allgemeinen Numida ptilonorhyncha soll noch eine zweite kleinere Art am Djur vorkommen. Eine Wachtel, wohl Coturnix histrionica, sah ich im September 1863 in Bongo.

Der *Strauss* scheint in Bongo nicht vorzukommen, auch in den Ebenen der Req-Neger ist er selten, sehr häufig dagegen am Weissen Nil zwischen der Sobat-Mündung und Djebel Njemáti.

Grallae. — Im Lande der Req-Neger schoss ich Otis Hartlaubii Hgl. In Djur und Bongo findet sich eine Trappen-Art, die, wenn nicht identisch, doch nächst verwandt mit Otis Denhami ist. Der Marchese Antinori will hier auch Otis Kori beobachtet haben, doch bedarf die Angabe über ihr Vorkommen diesseits des Äquators noch weiterer Bestätigung.

Oedicnemus affinis Rüpp. ist nicht selten nach der Regenzeit und in den Wintermonaten in Bongo und am Wau-Fluss. Ciconia Pruyssenaerii Hgl. traf ich nicht selten paarweis in den Niederungen und ausgetrockneten Sümpfen der Req-Neger von Januar bis Mai, gewöhnlich in Gesellschaft von Königskranichen.

3. Notizen über den Vogelzug im Herbst 1864 so wie über die ornithologischen Vorkommnisse in den Ländern der Bischárin, Omaráb und Hadendoa zwischen Berber und Sauakin.

Es war mir gegen Ende meines letzten Aufenthaltes am Nil in Berber (August 1864) sehr auffallend, in wenigen Tagen und verhältnissmässig sehr zeitig eine grosse Menge geflügelter Wanderer aus Europa ankommen zu sehen. Ob ausserordentliche meteorologische Erscheinungen im Norden hiermit in Verbindung stehen, kann ich natürlich von hier aus nicht beurtheilen, aber ich glaube, dass die zuerst hier erscheinenden Vorboten des Winters gewöhnlich südlichere Bewohner sind, die auch während der kalten Jahreszeit vielleicht weiter nach Süden vorgehen als ihre in kälteren, nordischen Regionen acclimatisirten Geschwister; denn die ersten Zugvögel, selbst von Arten, die gewöhnt sind, in grösseren Gesellschaften zu wandern, erscheinen meist Anfangs einzelner.

Am 26. August sah ich am Nil die erste Upupa. Ardea atricollis und bubuleus brüten um diese Zeit noch. Vom 27. August bis 1. September erschienen um Berber: Ibis falcinella, Aëdon galactodes, Cypselus murarius, Lanius spinitorquus, L. leucometopon, Coracias garrula, Muscicapa grisola (?), Circus pallidus, Sylvia hypolais, Merops aegyptius. Am 10. September bemerkte ich in der Wüste der Bischárin zwischen Berber und dem Abadáb-Gebirge: Oriolus galbula zahlreich, Motacilla cinereo-capilla und melanocephala, am 12. September Coturnix, am 13. Aquila pennata und Circaetus brachydactylus, Muscicapa grisola, am 14. Sylvia (Ruticilla) thytis, Lanius collurio, Saxicola melanura (vielleicht hier Standvogel), Alauda brachydactyla in Flügen, Merops albicollis, Sylvia garrula, Sylvia Rüppellii, am 15. bis 20. September in den Gebirgen zwischen Abadáb und dem Rothen Meere Luscinia minor, Sylvia suecica, Machetes pugnax, Hirundo rustica, Ruticilla phoenicura, Emberiza coesia. Am Rothen Meere selbst, 27. September, Gallinula porzana und Caprimulgus eüropaeus. Zwischen dem Abadáb- und Abu Qoloda-Gebirge sah ich mehrere Flüge von Turteltauben, vielleicht wandernde Columba turtur.

Die Fauna im Allgemeinen ist in den von mir jetzt bereisten Bedja-Gebirgen bis gegen das obere Nilthal hin zwar ziemlich vielfältig, aber nicht reich an Individuenzahl, obgleich namentlich in den östlichen Gebirgsgegenden kein Mangel an Lebensbedingungen ist.

Die erste Station meiner Reise vom Nil zum Rothen Meere ist der nur 5 Meilen vom Nil entfernte Wüstenbrunnen Moña Beg in einer mit Gramineen, Mimosen- und Tundub-Büschen bedeckten Niederung. Von Standvögeln sah ich hier ausser Cathartes percnopterus und Milanen Corvus umbrinus (häufig bis in die Gebirge bei Sauakin, aber nicht am Meer), Certhilauda bifasciata (mehr in der

Ebene als im Gebirge, bis zum Meer), Argya acaciae (in kleinen Gesellschaften bis nahe bei Sauakin), Passer simplex (in Trupps bis zu 20 Stück an den Wüstenbrunnen ostwärts bis Rauai), Caprimulgus infuscatus (überall einzeln), Pyrrhulauda crucigera (die Afrikanische Varietät oder Art, in Paaren bis zum Rothen Meer), Pterocles guttatus, Turtur semitorquatus (einzeln), häufiger Turtur vinaceus und aegyptiacus (alle bis zum Rothen Meer), Oena capensis (ebenfalls, aber in sehr geringer Anzahl), Cercotrichas erythropterus (überall), eben so Lanius algeriensis. Am Djebel Erémid Vultur occipitalis, Alauda cristata (ziemlich selten, häufiger am Rothen Meer), am Bir el Bak Vultur auricularis.

In den Thälern von Rauai viele Sylvien, Sylvia crassirostris, S. hypolais, S. garrula und wahrscheinlich S. Ötis und melanocephala. Saxicola melanura bis gegen das Rothe Meer.

In den Gebirgen von Abadáb und Abu Qoloda Wachtel, Pirol und Blauracken in Menge, Flüge von Emberiza striolata, Lamprotornis chrysogaster, Ureloncha cantans. Einzelner Nectarinia gularis und eine zweite, kleine, kurzschnäbelige Art, von der ich nur das Jugendkleid sah. Ixos Arsinoe vom Abadáb bis zum Rothen Meer. Lanius cruentatus in Paaren, Colius senegalensis vom Abadáb östlich in Flügen bis auf 5000 Fuss Meereshöhe, Saxicola deserti eben so, so wie S. sordida.

Micropogon margaritatus und wahrscheinlich Tockus erythrorhynchus vom Abu Qoloda bis Wadi Okuak. Hier fand ich auch Falco polyzonus und Textor galbula, beide mit Nestbau beschäftigt. Pterocles quadricinctus in Paaren in waldigen Gebirgsgegenden. Otis arabs einzeln in grasreichen Thälern, wohl auf der ganzen Wegstrecke. Sehr merkwürdig für die Ornis Afrika's ist aber das Factum, dass ich am Ostrande der Gebirge von Okuak einen Flug von Steinhühnern antraf, von denen ich ein Weibchen erlegte. Die Art scheint unbedingt der West-Asiatischen Perdix Hayii Temm. anzugehören (!), die ich eher zu Chacnra als zu Ptilopachus stellen möchte. Sie ist in ihrem Benehmen, Ruf und Lebensweise ein wahres Steinhuhn, auch erzählte mir ein Araber, dass die Eier Ähnlichkeit mit Kalkteleiern haben, also wohl gefleckt sind, was bei Ptilopachus nicht der Fall ist. In der genannten Lokalität traf ich endlich Saxicola cachinans und Pterocles Lichtensteinii, bei Sauakin Corvus curvirostris.

Natürlich ist bei meiner flüchtigen Durchreise hier wohl Vieles von mir übersehen worden, namentlich von kleineren Vögeln, wie Sylvien, Ammern u. s. w., fiel mir Manches auf, das nicht erlegt werden konnte.

Für Merops albicollis, Colius senegalensis, Textor galbula, Nectarinia gularis, Micropogon margaritatus, Lamprotornis chrysogaster, Pterocles quadricinctus und Turtur vinaceus, wohl auch T. lugens und Lanius cruentatus mögen die bezeichneten Lokalitäten als nördlichste Grenze ihres Vorkommens in Nordost-Afrika gelten.

In den Gebirgen zwischen Ratai und Sauakin tritt die Regenzeit sehr spät ein, gewöhnlich erst mit Anfang August, weshalb auch die Mauser erst um diese Periode erfolgt, so wie einige Vogel-Arten erst Mitte Septembers den Nestbau beginnen, während sämmtliche Sumpf- und Wasser-Vögel auf den Inseln um Sauakin ihr Brutgeschäft längst beendigt haben.

Anhang III:
Verzeichniss Arabischer Eigennamen.

Ost = Scherq, östlich = scherqi, شرقي

West = Gharb, westlich = gharbi, غربي

Nördlich = Baheri und schmali, بحري und شمالي

Südlich = Qebeli und djenubi, قبلي und جنوبي

Korallenbank = Schâb, شعب

Klippe = Qotâ, فته und قتعه

Bucht, weitere = Qâd, قاد

Bucht, engere = Ghubah, غبه, und Scherm, سره

Hafen = Minah und Mirsa, مينه und مرسه

Vorgebirge = Ras, رأس

Leuchtthurm = Fanár, فنر

Insel = Djezireh, جزيره, auch Djébel, جبل

Felsdamm = Djiser, جسر

Strand = Sáhel, ساحل

Flachland zwischen Meer und Gebirge = Tehama, تهما

Land im Gegensatz zu Wasser = Bar, بر

Quelle = Áin, plur. Áun, عين, plur. عيون

Berg = Djébel, جبل

Hügel = Tel, تل

Felsiger isolirter Berg = Qaláh, قلعه

Schloss, Festung = Qasr, قصر

Oase = el Wáh, الواح

    Wáh el Chárdjeh, الخارجه

    Wáh el Dácheleh, الداخله, nicht Daqhel, Leps.

Meer = Bahr el Máleh, بحر المالح

Alt = Qedím, قديم

Neu = Djedíd, جديد

Gross = Kebír, كبير

Klein = Sogheir, صغير

Suez, besser Sués, سويس

Insel Tiran, تيران

Tor, تور (nicht نور, Moresb.)

Áún Músah, عيون موسى

Musalet, موسله

Metámer, متامر

Ras Ledjah, رأس نجه

Hamán Faráun, حمم فرعون

Ras Scherátíb, شراتيب

Djébel Mokateb, جبل مكتب

Ras Abu Selíma, رأس ابو سليمه

Djébel Abu Deredjeh, جبل ابو درجه

Záfaránah, زعفرانه, hier Leuchtthurm.

Ras und Djébel Gháreb, غارب (Akreb, Moresb.).

Djébel Zet oder Djébel Zeitíeh, جبل زبتيه

Insel A'schrafeh mit Fanál, Insel der Gruppe von Scheduán, اشرفي

Insel Djubal, جوبل. Hierzu gehört Taweeleh, Moresb.

Insel Scheduán, شدوان

Insel Djefátín, جفتين

Gonay, Moresb., bei Qoseïr ist Qoih, قويح, ein kleines Vorgebirge.

Ras Abu Somer, Moresb., ist Abu Súmi, ابو سومى

Abu Machadidj, مخديج

Insel Gumarah, Moresb., ist Qomár, قمعر

Djébel und Ras Abu Schár, ابو شعر

Ras Abu Munqár bei Safadjhah, ابو منقار

Djébel Noqúra, نقره

Insel Fanadir, فنادير, the brothers, bei Qoseïr.

Dádalus-Klippe = Abu el Qezán, ابو القزان (Leuchtthurm).

Insel Harát, حرات

Insel Tahlaq, ضحلق, Dahlak der Karten.

Insel Qamarán, قمران, Kamaran der Karten.

Farsán فرسان

Djébel Tor, جبل ضير

Djébel Soqúr, سقور

Insel Hanisch, حنيش

Insel Sobér, صبير

Asáb (Bai), اصاب

Bahr Áqabah, بحر عقبه

Maqná (Mangna, Magna der Karten), مقنه

Moílah, مويلح (Moila der Karten).

Wedjeh, Wedj, وجه

Jenbö, ينبع (Yambo der Karten).

Djedah, جِدَّه

Lit, لِيْط

Qonfudah, قُنْفَذَة, auch قُونْفَذَة

Hali, حَلِى

Lohia, لُوْحِيَا

Hodeidah, حُدَيْدَة

Moha, مَخَا

Mirsa Sobaiah, südlich von Ras Benás, صُبَيْه

Ras Benás, رَأس بِنَاس

Masauá, مَصَوَّع

Sauakin, سَوَاكِن

Qoseir, قُصَيْر

Das verstümmelte, in alle Europäischen Sprachen übergegangene Wort Kairo, le Caire u. s. w. lässt sich natürlich nicht mehr leicht nmändern, Kairo heisst auf Arabisch مِصْر, d. i. Maser, wie das ganze Land (wohl vom Hebräischen Mizraim, Sing. Mizer), auch مَدِينَةُ الْقَاهِرَة, d. i. Medinet Qáhirah, oder مِصْرُ الْمَحْرُوسَه, d. i. Maser el Machrúsah.

Anhang IV: Bemerkungen zu der Karte.
Von *B. Hassenstein.*

Man kann wohl mit Recht behaupten, dass in den letzten 10 Jahren der Entdeckungsgeschichte von Afrika kein Theil eine solche vorwiegende Rolle gespielt hat als das obere und westliche Nil-Flussgebiet. Sind es doch seit 1854 nicht weniger als 30 gebildete Männer, deren Reisen, mögen sie nun im Interesse des Handels, der Mission, der Jagd oder wissenschaftlicher Forschungen unternommen worden sein, zur Lichtung der geographischen, ethnographischen, physikalischen und anderer Verhältnisse in solchem Umfang beigetragen haben, dass Karten oder sonstige Arbeiten darüber dem Verfasser so zu sagen unter den Händen veralteten. So ist es denn natürlich, dass gerade jene Sektionen unserer Zehn-Blatt-Karte von Inner-Afrika, welche die auf unserem heute vorliegenden Kartenblatt dargestellten Länderstrecken umfassen, nämlich Blatt VI und VIII, die meisten Veränderungen und Bereicherungen erfahren haben. Zwischen der Edition dieser beiden, zufällig zuerst und zuletzt bearbeiteten Sektionen lag ein Zeitraum von 2 Jahren (Dez. 1861 bis Dez. 1863); alle während dieser Zeit uns zugekommenen geographischen Arbeiten machten ein Zusammenpassen beider Sektionen unmöglich, denn ein jedes Blatt sollte den jeweiligen Stand unserer Kenntniss vor Augen führen. Seit dem Abschluss der Zehn-Blatt-Karte bis heute ist. nur ein Jahr verflossen und doch, welch' grossen Unterschied zeigt eine Vergleichung der

3 Kartenblätter! Und vielleicht nur kurze Zeit wird es, im Hinblick auf alle in Aussicht stehenden Forschungsresultate eines Th. v. Heuglin, Petherick, Lejean, Baker und Anderer, währen, bis auch unsere heutige Karte in vielen Punkten Berichtigungen oder Nachträge erheischt.

Solche und ähnliche Betrachtungen oder Befürchtungen und der Wunsch, dass, was in Aussicht steht, noch benutzen zu können, drängen sich dem Kartographen bei jedem Entwurf der Karte irgend eines durch Forschungen in stetem Entwickelungs-Prozess befindlichen ausser-Europäischen Landes auf. Wollte man sich dadurch aber einschüchtern lassen, wollte man immer auf neues wünschenswerthes Material warten, so würde man gar keine Karte eines solchen Landes mehr zeichnen können.

Wir haben deshalb auch unsere frühere Absicht, jetzt noch nicht eine ganze Karte der oberen Nil-Länder, sondern einfach eine Kopie der v. Heuglin'schen Manuskript-Karte zu geben, fallen lassen, und haben schon jetzt versucht, sie mit den Resultaten moderner und älterer Reisenden zusammenzustellen und eine erste Rektifikation unserer Zehn-Blatt-Karte vorzunehmen; denn abgesehen von der angenehmen Pflicht, jene werthvollen Arbeiten unseres unermüdlichen Herrn v.. Heuglin dem Publikum so bald als möglich unterzubreiten [1]), schien es uns auch wünschenswerth, als Ersatz für jene mehrfach erwähnten zerrissenen Sektionen ein ganzes, zusammenhängendes Bild der jetzt so viel besprochenen oberen Nil-Länder zu geben; ferner veranlasste uns ein wichtiges Faktum zur Neuzeichnung, nämlich die astronomische Bestimmung der Sobat-Mündung durch Speke, welche bedeutende Veränderungen in der Lage des Ganzen hervorgerufen hat.

Wohl allein ist in solchen ungünstigen, an traurigen Erlebnissen reichen Tagen, unter solchen ungesunden klimatischen Verhältnissen so viel für Naturwissenschaft und Geographie gearbeitet worden, als es Herr v. Heuglin während eines gezwungenen halbjährigen Aufenthaltes in dem Land am unteren Djur-Fluss gethan hat. Musste er doch schon kurze Zeit nach seiner Abreise vom Meschra el Req seinen fleissigen, ewig bedauernswürdigen Freund, den jungen Dr. Steudner, in Wau begraben; zwei Monate nachher, während welcher er selbst durch Fieber und Dysenterie fast fortwährend an das Krankenlager gebannt und zudem den Quälereien und Unverschämtheiten der Arabischen Scriben-Besitzer preisgegeben war, gab der Tod der Madame Tinne gerade in dem Augenblick das Signal zur Rückkehr

---

[1]) Leider erlaubt uns die zu grosse Entfernung von Herrn v. Heuglin nicht, diejenigen Nachträge und berichtigenden Notizen, welche wir auf zahlreiche Fragen an ihn erhalten werden, für die vorliegende Arbeit benutzen zu können, doch werden wir Sorge tragen, dass diese Notizen so bald als möglich dem Publikum vorgelegt werden.

nach Chartum, als das endliche, längst ersehnte Vordringen
nach Westen möglich schien. Nicht genug, gleichzeitig
mit diesem traurigen Todesfall kam auch vom Kosanga-
Gebirge die betrübende Kunde vom Absterben des zweit-
letzten Mitgliedes der Deutschen Expedition, des strebsamen
Schubert, und erfüllte Herrn v. Heuglin, „das letzte morsche
Glied dieser Expedition," — wie er sich selbst nennt —
mit bangen Befürchtungen für seine eigene Ausdauer.

War es ihm unter solchen ungünstigen Umständen nicht
möglich, selbst grössere Reisen oder Exkursionen in die
Umgegend seiner Hauptlager zu machen, so hat Herr
v. Heuglin um so mehr sich bemüht, aus den unbestimm-
ten Aussagen der Neger oder den leider oft so lügenhaften
Erzählungen Berberinischer Handelsfaktoren Mittheilungen
zusammenzustellen, die es ihm möglich machten, eine Karte
zu entwerfen, welche zum ersten Mal einen Einblick in
die geographische Gliederung der Länder und Völker thun
lässt, die um den Bahr el Djur und um das Quellgebiet
westlicher Nil-Arme gruppirt sind. Er hat diese Erkundigungen, anknüpfend an die eigenen Untersuchungen, auf
6 Kartenblättern zusammengestellt, welche höchst sauber,
mit zahlreichen Legenden ethnographischen und naturwis-
senschaftlichen Inhaltes versehen, im Mst. von 1:824.000
gezeichnet sind und deren Reproduktion der Hauptzweck
der vorliegenden Karte ist.

In dem Mémoire[1] zu der mehr erwähnten Zehn-Blatt-
Karte von Inner-Afrika haben wir am Schlusse des Jahres
1863 einen Überblick gegeben über den Standpunkt der
damaligen Kenntniss von den Nil-Ländern. Wir wollen
uns deshalb in diesen Zeilen darauf beschränken, neuere
Quellen zu besprechen oder die neue Behandlung älteren
Materials zu erörtern, genügen uns deshalb auch in Bezug
auf die Citate vornehmlich mit den Quellen neueren Da-
tums, indem wir im Übrigen auf die weit vollständigere
Citatenliste des Mémoire verweisen.

Ferdinand Werne's Logbuch seiner Reise auf dem
Weissen Nil, dessen Konstruktion auf Blatt VIII der Zehn-
Blatt-Karte zu Grunde gelegt wurde, ist auch heute noch
für die Strecke von der Sobat-Mündung bis Gondokoro
unsere einzige Quelle zur detaillirten Zeichnung dieses
Flusslaufes; d'Arnaud's grosse Aufnahme des Bahr el âbiad,
die allem Anschein nach ein Hauptresultat der dritten Nil-
Expedition, 1841 und 1842 ist, liegt wahrscheinlich für
alle Zeiten in den Archiven der Pariser Geographischen
Gesellschaft vergraben, trotz mehrfacher Aufforderung von

verschiedenen Seiten, die Karte stechen zu lassen[1]. Eine
gänzlich neue Lage des Flusses ist, wie bereits erwähnt,
aus der astronomischen Bestimmung der Sobat-Mündung
durch Captain Speke hervorgegangen. Die Position, abgeleitet von E. Dunkin aus den letzten Mondbeobachtungen
Speke's im März 1863, ist 9° 20' 48" Nördl. Br. und
31° 21' 0" Östl. Länge von Greenwich oder 29° 3' 46"
Östl. Länge von Paris[2]), der Unterschied von der bei Entwurf der Sektion VIII angenommenen westlicheren und
südlicheren Position beträgt sonach einen ganzen Grad in
der geographischen Länge und fast einen halben Grad in
der Breite. Trotz dieser gewaltigen Differenz mit allen
früheren Positions-Angaben für die Sobat-Mündung haben
wir Speke's neue Ermittelung bis auf Weiteres als maass-
gebend annehmen zu müssen geglaubt, da kein Grund vor-
liegt, ihre Genauigkeit zu bezweifeln. Nach den Urtheilen
Sachverständiger sollen die astronomischen Beobachtungen
dieses Forschers in der That von grosser Zuverlässigkeit
sein[3]. Bei Zeichnung von Blatt VIII hatten wir die endliche Bestimmung der Position von Gondokoro durch Speke
als ein erfreuliches und höchst wichtiges Ereigniss be-
grüsst[4]), warum sollten wir jetzt zaudern, die Position der
Sobat-Mündung, die uns damals noch nicht vorlag, zu benutzen? Während des Entwurfes unserer Karte haben sich
noch mehrere Umstände gezeigt, die für unsere Annahme
sprechen. Die Konstruktion des Werne'schen Logbuches
der Reise vom Bahr el Ghasal bis Gondokoro und zurück,
die wir auf Seite 29 des Mémoire zur Zehn-Blatt-Karte
ausführlich besprochen haben, hatte dem Bahr el âbiad bei
Berücksichtigung der magnetischen Variation von 10° Ost
eine fast nordsüdliche Richtung (Süd zu Ost) angewiesen[5]),

---

[1]) Ergänzungs-Band II der „Geograph. Mittheilungen": Inner-Afrika
nach dem Stande der geographischen Kenntniss in den Jahren 1861
bis 1863, nach den Quellen bearbeitet von A. Petermann und B. Hassenstein, SS. 26—35.

[1]) Jomard legte in der Sitzung der Pariser Geographischen Gesellschaft am 18. Dezember 1846 eine Durchzeichnung dieser Karte zur
Ansicht vor. Sie ist im Mst. von 1:500.000 (nicht 90.000, wie irrthümlich im Mst. S. 28 steht) von d'Arnaud gezeichnet und hat
eine Grösse von 2,50 Meter von Chartum bis zur Insel Dschankel bei
Gondokoro. Sie ist mit Noten ethnographischen Inhaltes so wie zahlreichen Legenden bedeckt, welche sich auf die Produkte und die physikalischen Verhältnisse so wie auf die Reiseerlebnisse beziehen. (Bulletin de la Société de Géographie 1846, III. Sér., 6. Vol., p. 397.)
[2]) John Hanning Speke: Journal of the Discovery of the Source of
the Nil, London 1863, pp. 610 u. 622.
[3]) Note on the frequent Omissions of Readings of the Barometer
and Thermometer in Sextant Observations for the Determination of Latitude and Longitude. By Edwin Dunkin, Esq. In: Proceedings of the
Royal Geographical Society, Vol. VIII, no. VI (Juni 1864), p. 155.
[4]) S. „Geograph. Mittheilungen" 1863, S. 317.
[5]) Eine durch Versehen verkehrt angewandte Zurechnung der magnetischen Variation hat uns auf S. 29 des Mémoire zu dem falschen
Ausspruch veranlasst, dass die Konstruktion des Werne'schen Itinerar
für den Endpunkt, die Insel Dschankel (bei Gondokoro), eine bedeutend zu westliche Lage ergeben und in der Länge um 3 Längengrade
von d'Arnaud's Längenbestimmung differirt habe. Aus Versehen war
die magnetische Variation als zu 10 bis 11° West statt Ost berücksichtigt worden, die ganze Differenz zwischen dem obigen richtigen und
dem früheren falschen Resultate beträgt also 20 bis 22° des Kompasses,
was bei der grossen Distanz der ganzen Strecke einen Längenunterschied
von 1½ Längengrad ausmacht.

während nach allen bisherigen Karten diese Richtung zwischen SO. bei S. und SSO. schwankte. Mit Hülfe der Speke'schen Position der Sobat - Mündung und einer sorgfältigen Konstruktion der Flussstrecke zwischen der Sobat- und Bahr el Ghasal-Mündung nach Werne erhielt nun auch die letztere eine feste, ebenfalls östlichere Position; der Meridianunterschied mit Gondokoro betrug jetzt bloss 1° 35', während derselbe nach den älteren Karten 2 bis 3½° betragen hatte; die Direktion zwischen beiden Punkten wurde demzufolge eine steilere, nämlich SSO. zu S., nähert sich also bedeutend der aus unserer Konstruktion resultirenden Direktion, Süd zu Ost, die Gondokoro nur um wenige Minuten westlicher gebracht hätte. Unter Voraussetzung der Richtigkeit von Speke's Position können wir also erst jetzt mit Bestimmtheit behaupten, dass Werne's Aufnahme des Weissen Flusses ein äusserst genaues Resultat ergeben habe [1]).

Derjenige Theil des Bahr el ábiad, welcher zwischen dem Tefafam-Berg und dem Sobat liegt, ist nach Poncet's Karte [2]) etwas vergrössert eingezeichnet worden, nachdem der erstere Punkt um 30 Minuten östlicher und wenige Minuten nördlicher als auf Poncet's Karte angesetzt wurde, d. h. um so viel, als eine Einzeichnung des ganzen unteren Bahr el ábiad auf der Basis Sobat - Mündung (Speke) und Chartum (nach Kinzelbach's Bestimmung) ergeben haben würde. Ein Versuch, diese Flussstrecke nach Werne's Journal neu zu konstruiren, scheiterte an ungenügenden Entfernungsangaben gerade für diesen Theil; wir entschlossen uns zur Annahme von Poncet's Karte als Vorlage, da dieselbe den grössten Massstab (1 : 2.500.000) unter allen uns bekannten Karten ausser der Mahlmann's (1 : 1.800.000) hat und die neuesten und meisten Detail-Angaben enthält; einige Kleinigkeiten aus der Konstruktion der Werne'schen Tagebuches sind aber berücksichtigt worden. Eine hoffentlich endgültige Feststellung der Sobat - Mündung und eine gute Karte des oberen Nil steht nun von zwei verschie-

denen Seiten in Aussicht, ein Mal durch die angekündigte Publikation der Lejean'schen Aufnahmen des Bahr el ábiad in mehreren grossen Blättern [1]), sodann durch die von Th. v. Henglin und dem verstorbenen Dr. Steudner vorgenommenen Flussaufnahmen. Ersterer schreibt uns darüber aus Berber: „Es war mir bei meinem immerwährenden Krankein während meines dreimonatlichen Aufenthaltes in Chartum nicht möglich, den Lauf des Bahr el ábiad und Bahr el Ghasal nach den von mir gemachten Aufnahmen zu konstruiren; es ist diess eine sehr lange und schwierige Arbeit. Ich sandte sie des Volumens halber noch nicht ab und sie können nur nach meiner Rückkehr nach Europa viribus unitis in Gotha ins Reine gebracht werden." — Dr. Steudner's sehr fleissig und allem Anschein nach sorgfältig geführtes Logbuch seiner Reise von Chartum bis zur Meschra el Req [2]) würde von uns zu einer Konstruktion benutzt worden sein, wenn nicht leider bei seinem Erscheinen unsere Karte im Stich vollendet gewesen wäre.

Ein Verdienst Herrn v. Heuglin's ist die, wenn auch nur theilweise, Entwirrung der verschiedenen Angaben über die grossen Ströme, welche dem Bahr el ábiad und dem Bahr el Ghasal von Westen und Nordwesten her zuströmen, angeblich aus den südlichen Theilen von Darfur kommend, also über den Keilak, den Bahr el Arah, Bahr el Homr und Bahr el Djur. Ist es ihm freilich nur vergönnt gewesen, ihre Mündungen zu untersuchen, so hat er sich doch mehr als Poncet oder Lejean bemüht, durch Erkundigungen auch über den oberen Lauf eines jeden Licht zu verbreiten.

Der Lauf des Bahr el Ghasal (Nam - Aith der Eingebornen) ist nach G. Lejean's Aufnahme [3]), 25. Februar bis 12. April 1861, eingetragen worden, mit einigen Nachträgen aus Th. v. Heuglin's Bericht seiner Reise zur Meschra el Req [4]). Die Einzeichnung geschah auf Grund der aus Speke's Position des Sobat-Mündung abgeleiteten Lage des No-See's und v. Heuglin's Bestimmung der Breite der Meschra el Req [5]); die Länge des letzteren Punktes ergab sich von selbst aus der ganzen Distanz zwischen beiden Punkten nach Lejean's Karte. Das Gradnetz der letzteren hat natürlich unberücksichtigt bleiben müssen, denn danach fällt, sehr abweichend von unseren Resultaten, der Ausfluss des Bahr el ábiad aus dem No-See auf 9° 17' N. Br. und 29° 7' Ö. L. v. Greenw., also 13' südlicher, 1° west-

---

[1]) Diese Annahme scheint nun freilich wieder gänzlich umgestossen zu werden durch Herrn v. Heuglin's Beantwortung einer Anfrage unsererseits über seine Meinung betreffs der Speke'schen Sobat - Mündung. Leider traf sein Brief zu spät, lange nach Abschluss der Karte und des Mémoire in Gotha ein; wir schieben aber seine Bemerkungen als Note hier ein: „Für eine so weit östliche Lage der Sobat-Mündung kann ich noch durchaus nicht stimmen, auch scheint mir auf allen Karten die Entfernung zwischen der letzteren und dem Moqren el bahur (No) viel zu gross und dieser grösser noch etwas nördlicher gerückt werden müssen. Die Speke'sche Bestimmung der Breite kann richtig sein, die Länge halte ich für sehr zweifelhaft, ich glaube, dass der Punkt viel westlicher liegt. Ich kann Ihnen hier noch einige Data zu einer Breitenbestimmung beilegen, von Beobachtungen am 7. März 1864 nebst einer Kartenskizze der Umgegend der Mündung.)

[2]) Carte du Cours moyen des deux Nils et de leurs affluents Bender, Saubat, Nam etc. (Bulletin de la Soc. de Géographie, 1860, IV, 20, p. 225.)

---

[1]) S. „Geograph. Mittheilungen" 1864, Heft X, S. 393.

[2]) Zeitschrift für Allgemeine Erdkunde, Juli und August 1864, SS. 22—112.

[3]) Esquisse du Bahr - el - Gazal ou Nam - Aith. Mst. 1 : 527.000. (Nouv. Annales des Voyages 1862, I.)

[4]) Ergänzungsband der „Geogr. Mittheil." 11, SS. (144) bis (149).

[5]) Ebenda S. (150).

6 *

licher als auf unserer Karte, die Meschra el Req auf 8° 5′ N. Br. und 27° 26′ 14″ Ö. L. v. Greenw., also 35′ nördlicher und 1° 14′ westlicher.

Die bedeutende Verschiebung der Meschra el Req, des Ausgangspunktes aller Reiserouten ins Innere, nach Osten, während Gondokoro im Süden und die daran anschliessenden Routen ihren Standpunkt unverändert beibehalten haben, hat zur Folge gehabt, dass alle Routen, welche westlich von der Flusslinie gelegene Gebiete durchkreuzen, näher an dieselbe heranrücken; die neuen Erkundigungen Th. v. Henglin's, die unsere Kenntniss der westlichen Länder bedeutend erweitert haben, sind also dennoch nicht im Stande gewesen, sie über den 25. Grad östlicher Länge von Greenwich hinauszutragen, während nach unserer Zehn-Blatt-Karte die Grenze unserer damaligen Kenntniss schon der 24. Grad bildete.

Ein zweites überraschendes Resultat dieser Verschiebung nach Osten ist das fast genaue Zusammentreffen des südlichen Endpunktes der Route J. Petherick's (im J. 1858), Mundo, mit dem südlichen Theil des Distriktes der Mondu anf dem Westufer des Jeji-Flusses, dessen Lage schon früher durch Morlang und Peney festgestellt worden ist. Bei Eintragung der Route Petherick's von der Meschra el Req aus wurde die magnetische Variation von 9° 25′ (nach v. Heuglin's Bestimmung in der Meschra) berücksichtigt, aber dieselbe Ausdehnung der ganzen Strecke beibehalten wie auf Blatt VIII. Mundo erhielt dadurch die auf vorliegender Karte angenommene Lage; 2 Ortsnamen aus der von Lungo aus nach Osten unternommenen Exkursion, Bakkaeu und Madibu, erinnern und fallen zusammen mit den Distriktsnamen Baka und Tubu Peney's; doch sind diess und die beiderseitige Angabe von Gebirgen im Süden von Baka die einzige Anhaltepunkte für unsere Identificirung, die ja auch von Lejean früher schon mit grosser Bestimmtheit behauptet wurde (S. Mémoire zur Zehn-Blatt-Karte, S. 33). Doch wartet dieser Punkt immer noch der bestimmten Aufklärung; hoffentlich erhalten wir sie durch Publikation des Petherick'schen Reiseberichtes über seine mit Dr. Murie und Miss Petherick im J. 1863 ausgeführte Reise von Abu Kuka und Poncet's Establissement Adal nach dem Jeji, welcher in Form eines ausführlichen Tagebuches, mit einer Karte und astronomischen Beobachtungen bereichert, für den nächsten Band des Journal of the Royal Geograph. Soc. vorbereitet wird[1]). Nach einer Stelle in Th. v. Heuglin's letztem Brief aus Chartum, datirt vom 4. Mai 1864, ist Petherick der festen Überzeugung, dass sein Mundo in keinem Zusammenhange mit Peney's Mondu

stehe. Er schreibt: „Über Petherick's Mondu kann ich natürlich nicht ans eigener Anschauung reden. Er behauptet namentlich nach den auf seiner letzten sehr interessanten Reise gemachten Beobachtungen, dass keine Identität der beiden Orte Statt finden könne. Auch ist seine Karte dieser letzten Route mir nicht sehr klar und bei dem Gewirre von Chors und Sümpfen kann sich der Reisende gewaltig täuschen. . . . Keinem Zweifel scheint es mir zu unterliegen, dass Petherick's Distanzen auf seiner früheren Reise nach Mondu sehr viel vergrössert sind, auch hat er selbst — wenn ich mich noch recht erinnere — diese Tour nicht ausgeführt, sondern einer seiner Wekil." — In einem späteren Briefe Herrn v. Heuglin's aus Berber heisst es: „Mr. Petherick versichert mich aufs Bestimmteste, dass sein Mondu mit dem gleichnamigen Ort am Jeï Nichts zu thun habe. Ich glaube, dass seine Distanzen mindestens um 3 Grad reducirt werden müssen, und sein Weg vom Req-See aus ist nicht ein direkt südlicher, sondern führt mehr nach SW. oder fast WSW. bis zn dem Establissement der Dör, was anch ans Angelo-Bolognesi's Angaben zn erhellen scheint." Obgleich diese Notizen freilich gänzlich unseren Annahmen auf der vorliegenden Karte widersprechen, haben wir sie doch nicht, als etwas noch Unentschiedenes, in diesen Zeilen übergehen zn dürfen geglaubt. Auch in Bezug auf die Identität des Jeji mit dem Djur erheben sich neue Zweifel, die uns bereits gelöst schienen durch sehr gutes Zusammenpassen beider Flüsse in dem Bogen, welcher von Petherick östlich von Nearhé, von Peney westlich von dem Allöh-Stamm angedeutet ist. Nach Petherick soll der Jeji bei den südlicheren Nuehr münden, südlich von einem Punkte, der auch Eliáb genannt wird, der Nam etwas nördlicher davon bei Eliáb selbst, doch sind die Mündungen ganz versumpft[1]). Herr v. Heuglin schreibt uns darüber ans Berber, August 1864: „Ob der Jeï wirklich mit dem Djur zusammenhängt, darüber sind nur Muthmassungen vorhanden, aber absolut keine Nachweise. Es ist klar, dass der Reisende, welcher westlich von Gondokoro einem von Süden nach Norden fliessenden Chor begegnet, ohne Weiteres annimmt, er müsse zum Djur-Gebiet (oder Bahr el Ghasal) gehören, da zwischen dem Noo und Gondokoro keine eigentliche Flussmündung aus Westen in den Kir bekannt ist. Auch Petherick hat sich gegen mich nicht direkt für Identität des Jeï und Djur ausgesprochen, obgleich ich ihn mehrmals um seine Meinung fragte. Damit will ich den Zusammenhang nicht bestreiten, ich halte ihn sogar selbst für wahrscheinlich und für fast erwiesen, wenn wirklich der von der Petherick'schen Route nach Mondu gekreuzte Fluss der Djur

---

[1]) Auszüge aus Petherick's und Murie's Berichten so wie die Briefe der Mrs. Petherick, datirt Chartum, 26. Juli 1863, s. in Proceedings of the Royal Geographical Society, Juni 1864, Vol. VIII, no. IV, p. 145.

[1]) „Geograph. Mittheilungen" 1864, Heft VIII, S. 309.

noch selbst ist und dieser nicht parallel dem Kosanga mehr aus Südwesten kommt."

Wir haben Petherick's neue Reise nach einem Auszug aus dem Tagebuch leider nur erst ungefähr andeuten können. Jules Poncet's Angaben [1]) über diese Flüsse sind unbestimmt und widersprechend; nach einer Angabe identificirt er auf das Bestimmteste den Jeji mit dem Bahr Rol, der sich direkt in den No-See ergiessen soll, an einer anderen Stelle dagegen eben so bestimmt mit dem Bahr Djemit, der durch den Sumpfsee Djak bei Hellet Bahita sich in den Bahr el Abiad ergiesst. Unsere Gewährsmänner für die Verbindung des Jeji mit dem Bahr Djur sind Erkundigungen von Kaufmann, Peney, Andrea de Bono, Churschud-Agha, Th. v. Heuglin und Miani.

J. Poncet's Aufsätze über seinen vieljährigen Aufenthalt unter den Negern am Bahr el Abiad und westlich davon, welche auch als besonderes Werkchen herausgegeben wurden, sind reich an Mittheilungen über die Ethnographie jener Länder. Weniger umfangreich ist, wie bereits erwähnt, die Belehrung über die geographischen Verhältnisse und wir hätten namentlich gewünscht, dass er auf seine schon früher publicirte Karte eingehender Bezug genommen hätte. Die Erzählung seiner Jagdexkursionen [2]) von der Meschra el Req nach dem Fluss im April 1857 und einer anderen nach Djeruil hin enthalten die einzigen, ziemlich rohen Routen-Beschreibungen, die wie alle Angaben Poncet's bei unserer Zeichnung berücksichtigt wurden. Diese und alle übrigen, wahrscheinlich von Poncet's Handelsfaktoren begangenen Wege sind nach Poncet's Karte eingetragen worden, mit Zugrundlegung der drei Punkte: Meschra el Req, Station Djeruil und Anidjam am Bahr Djemit. Die Folge, dass die Wege dadurch eine nicht unbedeutende Vorkürzung und Änderungen in der Direktion leiden mussten, findet ihre Bestätigung in einer ungefähren Konstruktion der Route von Mirakok nach Adjuara, die ein weit kürzeres und südöstlicher gerichtetes Itinerar ergiebt, als es Poncet's Karte zeigt.

In des Syriers Ibrahim Bas Itinerar von Meloïl bei Heiligenkreuz bis in das Gebiet des Djur sehen wir eine glänzende Bestätigung der bedeutenden Zusammenquetschung, die unsere Karte im Vergleich mit Blatt VIII zeigt. Da diess Itinerar das südlichste ist, welches das Gebiet der westlichen Dinka-Stämme von Ost nach West durchschneidet, legen wir ihm um so mehr Werth auf seine erst jetzt möglich gewordene richtige Benutzung. Das Itinerar, für des-

sen günstige Beurtheilung wir die Wegstrecke von Meloïl bis Anidjam als vergleichenden Maassstab hatten, zeigt nämlich von Afin, Ibrahim's früherem Handels-Etablissement, bis zum Bahr Djau eine Entfernung von nur 17 bis 18 Stunden. Diese Entfernungen stimmen jetzt genau mit unserer Karte, während sie nach unserem Blatt VIII 35 Stunden betragen würden. Da das Itinerar unter Herrn v. Heuglin's Berichten im 2ten Ergänzungs-Band der „Geographischen Mittheilungen" nicht abgedruckt worden ist, sondern nur die darauf bezüglichen beschreibenden Notizen [auf Seite (108)], so wollen wir diess nach v. Heuglin's Kartenskizze jetzt noch nachholen [1]).

	St.
Von Meloïl, Ibrahim Bas' Station am rechten Ufer des Kir, im Gebiet der Tidj oder Tuidj bis Fajot, nördlich von Atot	1 St.
Von Fajot nach Fedinai am Chor Bei	2 „
Fedinai bis Ramechan oder Ramdjan	3½ „
Die Richtung bis hier war etwas West von Süd.	im Gebiet
R. bis Maboq, Richtung W. b. N.	der Kal
M. bis Ban oder Binu, dito	oder Rol
B. bis Nirhân, Richtung mehr westlich	3 „
N. bis Anidjam oder Anischan, do.	3 „
Von Anidjam am Djamit am Chor Tschau, NNW.	4 „
Von Nirhân an im Lau-Distrikt, wo viele Regenteiche sind.	
Von Anidjam zum Chor Tuong, nach Überschreitung des Tschau	
Ch. Tuong bis Nam (d. i. Fluss) Rabel, Ostgrenze der Rabel, mit dichter Bevölkerung von Jägern und Fischern	3 „
Vom Nam Rabel über Ebene mit Ebenholz und Talh-Akazien bis Afin, Westrichtung	1½ „ ?
Von Afin bis Fedwin, West	6 „
F. bis Farial am Westufer des Nam Djau	8–9 „
Um Farial sehr dichte Bevölkerung. Nördlicher wohnen am Ostufer des Flusses die Djau-Djak, näher am Westufer des Bassalthügelland die Goq.	9 „
Von Farial bis zu Dörfern der Djur	10 „
Von da bis zu einem grossen Chor	etwa 15 „

Über die anderen zu unserer Karte benutzten Quellen ist nur wenig zu sagen. Dr. Peney's Reiserouten von Gondokoro aus nach Westen, Süden und Osten sind nach seinen Peilungen und Entfernungsangaben neu konstruirt [2]), unsere sowohl wie auch seine Karte, welche wir schon früher als mangelhaft bezeichnen mussten, dadurch in vielen Stücken berichtigt worden. So hat namentlich Moro, Distrikt am Jeji, und in Folge dessen auch Morlang's Route dahin eine etwas nördlichere Lage erhalten müssen. Die magnetische Variation, die wir bei der Konstruktion berücksichtigen mussten, betrug nach Peney's Bestimmung für Gondokoro 7° 30' West, während sie von Speke im Februar 1863 zu 8° 53' W. festgestellt wurde. Von Wichtigkeit ist Peney's Bestimmung der Höhe von Gondokoro zu 627,75 Meter oder 1932½ Pariser Fuss [3]).

Von Lejean's Resultaten seiner Reise im oberen Nilgebiet

[1]) J. Poncet: Notice géographique et ethnographique sur la région du Fleuve Blanc et sur ses habitants. Nouv. Annales des Voyages, Oktober 1863, pp. 5—62, p. 36 und p. 46.

[2]) J. Poncet: Excursions et chasses à l'éléphant au Fleuve Blanc. Nouv. Annales de Voyage, November 1863, pp. 146—199, Februar 1864, pp. 182—227.

[1]) Brief Th. v. Heuglin's, dat. Chartum, 6. Dez. 1862.
[2]) Le Dr. Alfred Peney et ses dernières explorations dans la région du haut Fleuve Blanc, 1860—1861. Extraits de ses notes et de son journal de voyage. Mis en ordre et accompagnés de notes par Mr. V.-A. Malte-Brun. — Bulletin de la Soc. de Géogr. de Paris, Juli 1863 pp. 5—71.
[3]) S. „Geogr. Mittheil." 1864, S. 68.

ist ausser der oben besprochenen Aufnahme des Bahr el Ghasal eine kleine Schilderung seiner Exkursion von Gondokoro nach Belenian oder Belegnán, wie nach ihm zu schreiben ist, erschienen [1]), die neben einigen Neuigkeiten über die Topographie von Gondokoro's Umgebung manche schätzenswerthen Angaben über den Liria-Stamm enthält.

Die Reiseroute des Siebenbürger Kaufmanns Fr. Bindor von Gaba el Schambil am Bahr el ábiad nach seiner von Malzac käuflich erworbenen Handelsstation ist nach einem Auszug seines Tagebuchs [2]) eingetragen.

Speke's und Grant's Reiseroute von den Karuma-Fällen bis Gondokoro ist nach der von Keith Johnston gezeichneten Karte im Maassstab von 1 : 5.576.000 eingetragen worden. Es liegen diesem Theil der Route ausser den nicht publicirten Itinerar-Messungen nicht weniger als 13 astronomische Breitenbestimmungen und 2 Längenbestimmungen, Faloro und Gondokoro, zu Grunde. Ersteres liegt 3° 10' 33" N. Br. und 31° 50' 45" Östl. L. v. Gr., die Abweichung der Magnetnadel betrug 8° 16' W.; die Position von Gondokoro weicht nach Dunkin's Berechnung um einige Minuten von der ersten, von uns früher benutzten Positionszahl ab und beträgt 4° 54' 2" N. Br., 31° 46' 9" Östl. L. v. Gr. Die letzte, nämlich 104te astronomische Bestimmung Speke's ist die von der Sobat-Mündung, die für unser Blatt und für die Neuzeichnung dieser ganzen Länder von so grosser Wichtigkeit geworden ist. Bei diesem grossen Verdienst Speke's, während seiner erfolgreichen und kühnen Reise eine feste Grundlage für Zeichnung seiner Route geschaffen zu haben, ist es recht auffallend, dass er an Orten, wo er sich längere Zeit aufgehalten und jedenfalls durch die Neger oder Handelsleute Gelegenheit hatte, mancherlei Geographisches über die Umgebung des Ortes zu erfahren, dennoch gar Nichts darüber ausgekundschaftet hat. So war er zu einem einmonatlichen Aufenthalt in De Bono's Etablissement Faloro ver-

dammt, vom 3. Dez. 1862 bis zum 11. Januar 1863, musste in Apuddo, nahe bei Miani's Baum, vom 15. bis 31. Januar liegen bleiben, während welcher Zeit er selbst Jagdexkursionen, die Leute der De Bono'schen Handelsexpedition Wanderungen nach Osten machten, — trotzdem erfahren wir über die Umgebung dieser Orte nicht mehr und nicht weniger aus seinem Reisejournal, als was auf der kleinen Karte angegeben worden konnte. Auch die Routenbeschreibung ist ungeheuer dürftig, doch haben wir mehrere Irrthümer der Reisenden Peney und Miani danach korrigiren können, welche auf unsere Zehn-Blatt-Karte übergegangen waren: 1) haben wir irrthümlich den Pik Gniri und einen grossen Flussbogen nach Peney's Angabe fälschlich als in der Nähe von Peney's südlichem Endpunkt liegend eingezeichnet, während der Flussbogen und der ihn bestimmende Pik von Gniri identisch mit dem durch Speke bestimmten Bogen bei Apuddo oder Miani's Katarakten von Meri und dem westlich davon gelegenen, 2000 Fuss hohen Bergstock sein muss. Der Fehler ist aus falscher Schätzung der Entfernung von Nieky zum Pik Gniri entstanden; die Direktion, welche Peney von Nieky zum Gipfel nahm, den er ausdrücklich als das Südost-Ende des Rego-Gebirges bezeichnet, nämlich S. 25° O., war aber für die Bestimmung seines südlichsten Punktes am Nil von Wichtigkeit. 2) Miani's Route konnte erst jetzt, wo das Detail der Speke und Grant'schen Route vorlag, ganz bestimmt mit der letzteren in der südlicheren Hälfte, von Mughi bis zu Miani's Baum am rechten Ufer des Nil, identificirt werden; die nördliche Hälfte der Route verläuft mehr im Osten der Speke'schen Route. Miani's erkundigte Wege südlich von seinem fernsten Punkte sind bei unserer Neuzeichnung ganz unberücksichtigt geblieben, da sie die Reihenfolge der Ortsnamen stellenweise in gänzlich verkehrter Weise zeigt, wie aus Vergleichung mit Speke's Routier hervorgeht. Über Miani's Reise sind bis jetzt nur einzelne, an Unsinn reiche Broschüren erschienen, welche in den Literaturberichten der „Geographischen Mittheilungen" besprochen wurden.

[1]) Le Tour du Monde 1863, Tome VIII, No. 195, pp. 199—200.
[2]) „Geogr. Mittheil." 1864, S. 168.